토픽으로 잡는

똑똑한
초등 **독해**

독해력은 새로운 정보와 지식을 받아들이는 도구로서 학습 능력을 좌우하는 중요한 능력이에요. 단순히 글자를 읽는 것이 아니라 글에 담긴 글쓴이의 의도를 파악하고, 글을 통해 알게 된 내용을 생활에 활용하는 능력까지 포함해요. 독해력의 바탕은 세 가지예요. 첫째, 어휘력이에요. 어휘는 글의 기본 요소로, 어휘의 뜻을 모르면 글의 내용을 알 수 없어요. 따라서 어휘를 많이 알수록 독해력이 좋아져요. 둘째, 배경지식이에요. 배경지식이 풍부하면 글에 숨겨진 의도와 생각을 짐작할 수 있어, 글을 더 재미있고 효과적으로 읽을 수 있어요. 셋째, 글의 종류에 적합한 읽기 방법이에요. 글의 갈래에 따라 주제를 찾는 방법도 다르기 때문에 갈래마다 알맞은 읽기 방법을 알아야 해요. 「토픽으로 잡는 똑똑한 초등 독해」는 어휘, 배경지식, 갈래에 따른 읽기 방법을 익힐 수 있도록 구성했어요.

이 책의 특징

 읽고, 이해하고, 알아 가는 즐거움이 있는 새로운 독해 프로그램!

낱낱의 주제를 가진 지문을 읽고 문제를 푸는 방식에서 벗어나 하나의 토픽을 중심으로 다양한 영역의 지문을 담았습니다. 토픽을 다양한 관점에서 살펴보고, 탐색하는 과정에서 읽고, 이해하고, 알아 가는 즐거움을 느낄 수 있어요.

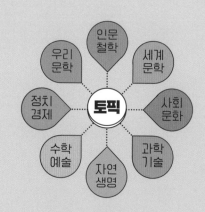

 호기심을 자극하는 토픽으로 교과를 넘어 교양까지!

국어, 수학, 사회, 과학 등의 교과와 추천 도서에서 뽑은 인문, 철학, 사회, 문화, 자연, 과학, 수학, 예술 등 여러 영역을 아우르는 토픽을 통해 교과 지식은 물론 폭넓은 교양을 쌓을 수 있어요.

함께 공부할 친구들

하트
자연을 사랑하고
마음이 따뜻한 다정이

부키
항상 책을 끼고 다니며,
정보를 모으는 수집가

뉴뉴
신기하고 새로운 것을
좋아하는 호기심쟁이

스타
세상에서 음악과 친구가
제일 좋은 열정쟁이

드림
세상의 모든 아름다움을
마음에 담고 싶은 예술쟁이

**꼬리에 꼬리를 물고 이어지는 글을 읽으며
독해력, 사고력, 표현력을 한 번에!**

꼬리 물기 질문을 통해 독해 포인트를 알고 효과적으로 글을
읽을 수 있어요. 또 토픽에 대한 생각을 글로 표현하며 독해
력과 사고력, 표현력을 키울 수 있어요.

**글의 종류에 알맞은 핵심 질문을 통해
어떤 글도 자신 있게!**

신화, 고전, 명작 등의 문학 글과 설명문, 논설문, 편지, 일기 등
의 비문학 글까지 다양한 형식의 글을 접하고 읽는 즐거움을
경험해요. 여러 형식의 문제를 풀며 어떤 글이든 읽어 내는 자
신감을 키워요.

독해력의 기초인 어휘력을 탄탄하게!

한자어, 합성어, 파생어, 유의어, 반의어, 상·하의어처럼 어휘
관계를 통해 어휘를 익히고, 관용 표현, 맞춤법도 배워요.

이렇게 공부해요!

1단계 흥미로운 토픽으로 생각의 문을 열다!

토픽에 관련한 다양한 질문을 읽으며 배경지식을 활성화하고, 학습 계획을 세워요!

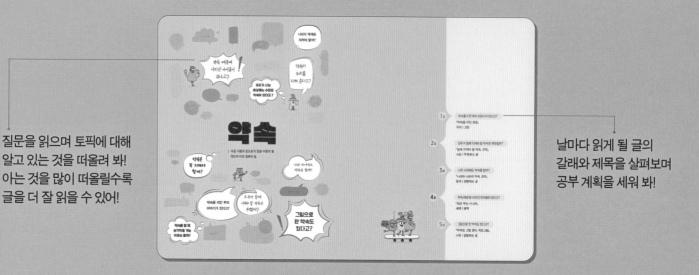

질문을 읽으며 토픽에 대해
알고 있는 것을 떠올려 봐!
아는 것을 많이 떠올릴수록
글을 더 잘 읽을 수 있어!

날마다 읽게 될 글의
갈래와 제목을 살펴보며
공부 계획을 세워 봐!

2단계 질문에 대한 답을 찾으며 생각을 키우다!

읽기 목표에 따라 글을 읽고, 질문을 통해 갈래에 알맞은 읽기 방법을 배워요!

글에서 꼭 살펴야
할 내용이 무엇인지
먼저 보고, 읽기의
목표를 세워 봐!

글의 중심 내용이 무엇인지
생각하며 차근차근 글을 읽어 봐!

뜻풀이를 보며 어휘를
맞혀 봐! 초성을 보면
쉽게 답을 찾을 수 있어!

글의 갈래에 따라 꼭
알아야 할 것을 묻는
문제야. 질문에 대한
답을 찾으며 독해력을
키워 봐!

곳곳에 도움을 주는
친구가 있어! 친구가
하는 말을 읽으면 문제가
술술 풀릴 거야!

3단계 다양한 어휘 활동과 토픽 한 줄 정리로 생각을 넓히다!

독해력의 기초인 어휘력을 탄탄히 다지고, 내 생각을 글로 표현해요!

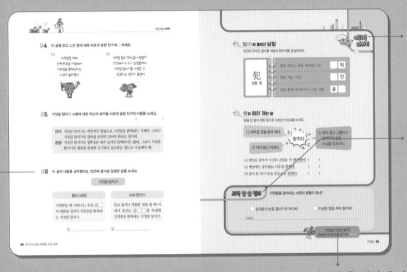

어휘력을 키우는 다양한 활동이 있어. 힌트를 보며 문제를 풀고, 어휘와 뜻을 큰 소리로 읽어 봐!

토픽에 관한 네 생각을 써 봐! 날마다 생각을 쓰는 연습을 하면 표현력도 쑥쑥 자랄 거야!

마지막 문제는 글의 내용을 정리하는 요약하기야. 빈칸을 채워 글을 완성하고, 큰 소리로 읽어 봐! 글의 내용을 기억하는 데 도움이 될 거야!

다음에 이어질 글의 내용을 짐작해 봐! 그리고 내가 짐작한 내용과 실제 글의 내용을 비교해 봐!

4단계 스스로 학습을 점검하며 생각을 다지다!

내가 알고 있는 것과 모르는 것을 구분하는 메타 인지를 훈련해요!

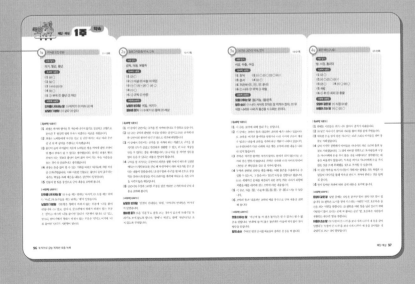

내가 쓴 답과 정답을 비교해 봐!

문제에 대한 자세한 풀이가 있어. 내가 제대로 풀지 못한 문제는 무엇이고, 답이 왜 틀렸는지 생각해 봐!

차례

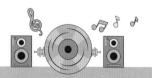

3주
발견

4주
물질

나와의 약속도
지켜야 할까?

약속 때문에
사라진 아이들이
있다고?

약속이
우리를
지켜 준다고?

우리가 사는
세상에는 수많은
약속이 있다고 ?

약속

| 다른 사람과 앞으로의 일을 어떻게 할
것인지 미리 정하여 둠.

약속은
꼭 지켜야
할까?

나라 사이에도
약속을 할까?

약속을 지킨 부자
이야기가 있다고?

모두가 함께
지켜야 할 약속은
무엇일까?

그림으로
한 약속도
있다고?

약속을 할 때
손가락을 거는
이유는 뭘까?

약속을 지킨 최생

최생은 몇 차례 과거에 떨어진 후 버슬에 나가지 않기로 결심했어요. 그는 한양 집을 팔아 백 냥을 손에 쥐고 고향으로 돌아갔어요. 고향에는 작은 초가집 한 채와 논 몇 마지기, 노비 두 명, 소 한 마리가 남아 있었지요.

최생은 노비들을 불러 말했어요.

"앞으로 열심히 일해 부자가 될 생각이네. 나를 믿고 십 년만 내가 하자는 대로 따라 주게. 그러면 십 년 뒤에 자네들에게 백 냥씩을 나눠 주겠네."

그해 풍년이 들어 쌀값이 떨어졌어요. 최생은 가지고 있던 돈으로 쌀을 사서 창고에 쌓아 두었어요. 다음 해도 풍년이라 쌀이 헐값이었어요. 최생은 논을 팔아 그 돈으로도 몽땅 쌀을 샀어요.

이듬해, 흉년이 들어 쌀값이 평년보다 열 배나 치솟았어요. 노비들은 최생에게 쌀을 내다 팔자고 말했어요.

"곡식값이 많이 올랐습니다. 지금 쌀을 팔면 큰 부자가 되실 수 있습니다."

"흉년이 들어 굶어 죽어 가는 사람들을 모른 척할 수는 없네."

최생은 창고에 모아 둔 쌀을 마을 사람들에게 나눠 주었어요.

다행히 다음 해는 대풍년이었어요. 마을 사람들은 최생이 나눠 준 것보다 훨씬 많은 양의 쌀을 가져와 갚았어요.

"큰돈을 벌 수 있는 기회를 버리고 저희를 도와주신 은혜에 보답하고 싶습니다."

그 후 최생은 요령 있게 곡식 등을 사고팔아 십 년 만에 큰 부자가 되었어요.

"내가 부자가 된 것은 모두 열심히 일해 준 자네들 덕이네."

최생은 약속대로 노비들에게 백 냥씩을 나눠 주었어요. 노비들은 십 년 전 약속을 잊지 않고 지킨 최생을 존경하며 그 뒤로도 더욱 열심히 일했어요.

어휘 알기 색칠한 낱말과 초성을 보고 뜻풀이에 알맞은 낱말을 ___에 쓰세요.

| ㄱ | ㄱ | 옛날에 관리를 뽑을 때 실시하던 시험.

_____

| ㅎ | ㄱ | 그 물건의 원래 가격보다 훨씬 싼 값.

_____

| ㅍ | ㄴ | 곡식이 잘 자라고 잘 여물어 평년보다 수확이 많은 해.

_____

독해력 기르기

01 최생에 대해 바르게 말한 것에 ○ 하세요.

(1) 열심히 공부해 과거에 합격했다.   (   )

(2) 벼슬에서 물러나자 고향으로 돌아갔다.   (   )

(3) 열심히 일해 부자가 되겠다는 목표를 세웠다. (   )

02 최생이 노비들에게 한 약속으로 알맞은 것에 ○ 하세요.

(1) 나에게 백 냥을 빌려주면 십 년 뒤 열 배로 갚겠네.

(2) 나를 부자로 만들어 주면 노비 신분에서 벗어나게 해 주겠네.

(3) 나를 믿고 따라 주면 십 년 뒤 백 냥씩을 주겠네.

03 다음은 누구의 생각인지 알맞은 인물을 찾아 선으로 이으세요.

(1) 흉년이 들어 곡식값이 올랐을 때 쌀을 비싸게 팔면 빨리 부자가 될 수 있다. •

• (가) 최생

(2) 빨리 부자가 되는 것보다 흉년이 들어 굶어 죽어 가는 마을 사람들을 돕는 것이 더 중요하다. •

• (나) 노비들

04 이 글을 읽고 최생과 비슷한 인물을 떠올린 것에 ○ 하세요.

(1) 돈을 모으기만 하고 쓸 줄 모르는 구두쇠 스크루지

(2) 흉년이 들어 굶주리는 제주도 백성을 위해 재산을 내놓은 김만덕

05 이 글의 내용을 요약했어요. 빈칸에 들어갈 알맞은 말을 보기 에서 찾아 쓰세요.

보기

| 재산 | 풍년 | 부자 |

최생은 ① ☐☐가 되기로 결심하고 노비들에게 자신을 믿고 따라 주면 십 년 뒤 백 냥씩을 주겠다고 약속했다. 최생은 ② ☐☐인 해에 헐값에 쌀을 사서 창고에 쌓아 두었다. 어느 해 흉년이 들자 최생은 마을 사람들에게 쌀을 나눠 주었다. 다음 해 풍년이 들자 사람들은 최생이 나눠 준 것보다 많은 양의 쌀을 가져와 갚았다. 최생은 ③ ☐☐을 더욱 불려 십 년 만에 큰 부자가 되었고, 노비들에게 약속한 돈을 나눠 주었다.

① _____ ② _____ ③ _____

단위를 나타내는 말

빈 곳에 알맞은 말을 쓰세요.

> 채   집을 세는 단위.
> 마리   짐승이나 물고기, 벌레 등을 세는 단위.
> 마지기 논밭의 넓이를 나타내는 단위.

(1)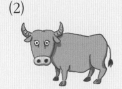

논 두 _____

(2)

소 한 _____

(3)

초가집 한 _____

낱말의 기본형

빈 곳에 낱말의 기본형을 쓰세요.

형태가 바뀌지 않는 부분	형태가 바뀌는 부분	기본형
받	고	
받	으니	받다
받	아서	

> 상황에 따라 형태가 바뀌는 낱말에서 바뀌는 형태를 대표하는 낱말을 '기본형'이라고 해.

(1) 갚고, 갚아서, 갚으면 ➜ _____

(2) 믿고, 믿으니, 믿어서 ➜ _____

토픽 한 줄 정리

네가 아는 사람 중에 약속을 가장 잘 지키는 사람은 누구니?

약속을 가장 잘 지키는 사람은 _____

나와 한 _____ 약속을 지켰어.

여러 사람이 함께 지켜야 할 약속은 뭘까?
궁금하면 다음 장을 넘겨 봐! >>>>>

함께 지켜야 할 약속, 규칙

우리가 살아가는 사회에는 규칙이 있어요. 규칙은 여러 사람이 다 같이 지키기로 약속한 사항이나 법칙이에요. 우리는 이러한 규칙을 잘 지켜야 해요.

규칙을 잘 지키면 모두가 즐겁게 생활할 수 있어요. 친구들과 게임을 할 때를 생각해 보세요. 누군가 게임의 규칙을 어기고 억지를 부린다면 어떻게 될까요? 게임이 진행되기 어렵고 게임에 참여한 친구들도 기분이 몹시 상할 거예요. 생활 속에서 함께 정한 규칙을 지키는 것은 모두의 즐거움과 행복을 위해 필요해요.

규칙을 잘 지키면 안전하게 생활할 수 있어요. 거리에는 안전하게 길을 다니기 위해 모두가 함께 지켜야 할 규칙이 있어요. 보행자는 횡단보도로 길을 건너고 운전자는 교통 신호를 지키며 정해진 속도로 운전하는 것 등이에요. 이러한 규칙을 잘 지키면 사고가 날 위험이 줄어들고 모두가 안전하게 생활할 수 있어요.

규칙을 잘 지키면 더 나은 세상을 만들 수 있어요. 쓰레기를 버릴 때를 생각해 볼까요? 유리병, 종이, 플라스틱 등을 정해진 규칙에 맞게 버리면 재활용이 쉬워져요. 재활용이 잘되면 자원을 절약할 수 있고, 환경 오염도 줄일 수 있어요. 그러면 우리가 사는 지구가 그만큼 깨끗해질 거예요.

규칙을 지키는 것은 즐겁고 안전하게 생활하고, 더 나은 세상을 만들기 위해 필요한 일이에요. 우리 모두 생활 속에서 규칙을 잘 지키도록 노력해요.

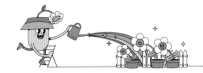

어휘 알기 색칠한 낱말과 초성을 보고 뜻풀이에 알맞은 낱말을 ___에 쓰세요.

ㅂ ㅊ   반드시 따라야 하는 것으로 주장되는 원칙.   _____

ㅈ ㅇ   사람의 생활과 생산에 필요한 물질, 기술 등.   _____

ㅂ ㅎ ㅈ   걸어서 길거리를 가고 오는 사람.   _____

독해력 기르기

01 이 글에서 글쓴이가 주장하는 내용으로 알맞은 것에 ○ 하세요.

(1) 환경을 보호하자.   (   )
(2) 규칙을 잘 지키자.   (   )
(3) 친구와 사이좋게 지내자. (   )

02 이 글에 나온 문장을 보고, 사실과 의견 중 해당하는 것에 ○ 하세요.

(1) 규칙은 여러 사람이 다 같이 지키기로 약속한 사항이나 법칙이에요.   사실 의견

사실은 현재에 있는 일이나 실제로 있는 일을 말하고, 의견은 어떤 대상이나 일에 대해 가지는 생각을 말해.

(2) 거리에는 안전하게 길을 다니기 위해 모두가 함께 지켜야 할 규칙이 있어요.   사실 의견

(3) 우리 모두 생활 속에서 규칙을 잘 지키도록 노력해요.   사실 의견

03 이 글에서 말한 규칙을 잘 지켜야 하는 까닭으로 알맞으면 ○, 알맞지 않으면 ✕ 하세요.

(1) 규칙을 지키면 안전하게 생활할 수 있다. ( )

(2) 규칙을 지키면 칭찬을 많이 들을 수 있다. ( )

(3) 규칙을 지키면 더 나은 세상을 만들 수 있다. ( )

(4) 규칙을 지키면 모두가 즐겁게 생활할 수 있다. ( )

04 이 글에 담긴 의견을 생활 속에서 바르게 실천한 친구에 ○ 하세요.

(1)
횡단보도를 건널 때 자전거에서 내려 자전거를 끌고 갔어.

(2)
친구들과 축구를 할 때 손으로 공을 막았어.

(3)
캠핑을 가서 즐겁게 논 뒤 쓰레기를 계곡에 모두 버리고 왔어.

05 이 글을 주장과 근거에 따라 요약했어요. 빈칸에 들어갈 알맞은 말을 쓰세요.

주장	① ☐☐을 잘 지켜야 한다.
근거	• 모두가 즐겁게 생활할 수 있다. • ② ☐☐하게 생활할 수 있다. • 더 나은 세상을 만들 수 있다.

① _____   ② _____

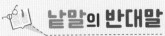

낱말의 반대말

글자를 이용해 낱말의 반대말을 만들어 쓰세요.

위 어 험 다 기

절약
돈이나 물건을 필요한 데에만 써서 아낌.

⇕

낭비
재산이나 재물 등을 헛되이 헤프게 씀.

안전
위험이 생기거나 사고가 날 걱정이 없음.

⇕

☐☐
해로움이나 손실이 생길 수 있는 상태.

지키다
약속 등을 어기지 않고 정해진 대로 행하다.

⇕

☐☐☐
규칙, 명령, 약속 등을 지키지 않고 거스르다.

올바른 표기

바르게 쓰인 말에 ○ 하세요.

(1) (쓰레기 , 쓰래기)를 버릴 때도 규칙이 있다.

(2) 규칙은 모두가 (함깨 , 함께) 지켜야 할 약속이다.

(3) 규칙을 잘 지켜 더 나은 (새상 , 세상)을 만들자.

'ㅔ'와 'ㅐ'는 발음이 비슷하고 모양도 비슷해서 틀리기 쉬워.

토픽 한 줄 정리   다음 중 한 장소를 고르고, 그곳에서 지켜야 할 규칙을 소개해 봐!

☐ 도로   ☐ 학교   ☐ 박물관   ☐ 놀이터

이곳에서는 _____

나라와 나라 사이에 맺는 약속이 궁금하면 다음 장을 넘겨 봐! >>>>>

나라와 나라의 약속, 조약

가 우리가 친구나 부모님과 약속을 하는 것처럼 나라와 나라도 약속을 해요. 서로 좋은 관계를 이어 나가기 위해서예요. 이처럼 나라와 나라가 맺는 약속을 '조약'이라고 해요. 대표적인 조약에 대해 알아보아요.

나 첫째, 무역과 관련된 조약이 있어요. 무역이란 나라와 나라가 물건을 사고파는 것을 말해요. 무역과 관련된 조약을 맺을 때에는 어떤 물건을 수출하거나 수입할 수 있는지, 그 양은 어느 정도인지, 세금은 얼마나 매길 것인지 등을 정해 두어요. 무역을 하다가 서로 다툼이 생겼을 때 문제를 해결하기 위해서예요.

다 둘째, 나라가 위험에 처했을 때를 대비해 맺는 조약도 있어요. 두 나라 가운데 한 나라가 적의 침입을 받으면, 다른 나라가 도와주기로 하는 조약이 대표적이에요. 이때 군대를 보낼 것인지, 전쟁에 필요한 물자를 보낼 것인지 등을 정해요.

라 셋째, 세계적인 문제를 해결하기 위한 조약이 있어요. 환경 문제와 관련된 조약이 대표적이에요. 환경 문제는 몇몇 나라의 노력만으로는 해결할 수 없어요. 그래서 세계 여러 나라가 함께 환경을 지키기 위해 해야 할 일들을 정해 나가고 있어요.

마 조약은 나라와 나라 사이의 약속이니만큼 큰 책임감을 갖고 잘 지켜야 해요. 조약을 어기게 되면 불이익을 당하거나 나라 사이에 믿음이 깨질 수 있기 때문이에요.

어휘 알기 색칠한 낱말과 초성을 보고 뜻풀이에 알맞은 낱말을 ___에 쓰세요.

| ㅅ | ㄱ | 국가 살림에 쓰기 위해서 국민들에게 걷는 돈. | _____ |

| ㅅ | ㅊ | 국내 상품이나 기술을 외국으로 팔아 내보냄. | _____ |

| ㅅ | ㅇ | 다른 나라로부터 상품이나 기술 등을 국내로 사들임. | _____ |

독해력 기르기

01 이 글은 무엇에 대해 알려 주는 글인지 빈칸에 알맞은 말을 쓰세요.

□ □

글의 제목이나 첫 문단의 내용을 살펴봐!

02 이 글에 나타나 있는 내용에는 ○, 그렇지 않은 내용에는 ✕ 하세요.

(1) 조약의 뜻   (   )
(2) 대표적인 조약의 예   (   )
(3) 조약을 지켜야 하는 까닭   (   )
(4) 우리나라가 다른 나라와 처음 맺은 조약   (   )

03 이 글의 내용을 잘못 이해한 친구의 이름을 쓰세요. (   )

리아: 조약은 나라와 나라가 맺는 약속이야.
다정: 나라들은 서로 좋은 관계를 이어 나가기 위해 조약을 맺어.
은서: 조약은 지키면 좋지만 지키지 않아도 문제가 되지는 않아.

04 이 글에서 말한 무역과 관련된 조약에 해당하는 내용에 ○ 하세요.

(1) 환경을 지키기 위해 함께 해야 할 일들을 정한다. ( )

(2) 어떤 물건을 얼마나 수출하고 수입할 것인지 정한다. ( )

(3) 군대를 보낼 것인지, 전쟁에 필요한 물자를 보낼 것인지 정한다. ( )

05 이 글을 '처음-가운데-끝'으로 알맞게 나누어 기호를 쓰세요.

처음	가운데	끝
가		

> 설명하는 글은 처음, 가운데, 끝으로 이루어져 있어. 처음 부분은 무엇을 설명할지 소개하고, 가운데 부분은 설명할 대상에 대해 자세하게 설명해. 끝부분은 중요한 내용을 강조하거나 전체 내용을 요약해.

06 이 글의 내용을 요약했어요. 빈칸에 들어갈 알맞은 말을 보기에서 찾아 쓰세요.

보기

위험	무역	나라

조약은 나라와 ①□□가 맺는 약속을 말한다. 조약에는 나라 사이에 물건을 사고파는 ②□□과 관련된 조약, 나라가 ③□□에 처했을 때를 대비해 맺는 조약, 세계적인 문제를 함께 해결하기 위해 맺는 조약 등이 있다.

① _____ ② _____ ③ _____

뜻을 더하는 말

빈칸에 알맞은 말을 쓰세요.

불-
어떤 낱말 앞에 붙어 '아니함'의 뜻을 더한다.

＋

이익　해결　만족　가능　관심　인간

불 이 익	불 ☐ ☐	불 ☐ ☐
이익이 되지 않음.	할 수 없거나 될 수 없음.	마음에 차지 않아 못마땅함.

말의 순서

말의 순서를 바로잡아 올바른 문장을 쓰세요.

(1) ｜잘｜ ｜나라 사이의｜ ｜지켜야 한다.｜ ｜조약은｜

→ _____

(2) ｜사고파는｜ ｜나라와 나라가｜ ｜무역은｜ ｜물건을｜ ｜것이다.｜

→ _____

토픽 한 줄 정리

네가 만약 대통령이라면 어느 나라와 무슨 조약을 맺을래?

☐ 무역에 관한 조약　　☐ 나라의 안전을 위한 조약　　☐ 세계 문제 해결을 위한 조약

대한민국은 _____ 와(과) _____

_____ 할 것을 약속합니다!

 약속 때문에 사라진 아이들에 대한 이야기를 들어 봤니? 궁금하면 다음 장을 넘겨 봐! >>>>>

피리 부는 사나이

불쑥불쑥 나타나던 쥐가 어느새 우르르 몰려다녔어요. 식탁 위로 뛰어오르는가 하면 침대 위로 기어 와 잠든 사람의 얼굴을 핥았어요.

독일의 작은 도시 하멜른 시민들은 쥐 때문에 골치가 아팠어요. 참다못한 시민들은 시장에게 몰려가 소리쳤어요.

"쥐가 많아서 도저히 살 수가 없소. 당장 이 문제를 해결하시오!"

시장은 시민들의 불만을 잠재우기 위해 쥐를 모두 없애 주는 사람에게 금화 천 냥을 준다는 방을 붙였어요.

얼마 후, 허름한 차림의 낯선 사나이가 시장을 찾아왔어요.

"저는 피리 소리로 쥐들을 꾀어 도시에서 쥐를 없앨 수 있습니다. 제가 쥐를 없애 주면 정말로 금화 천 냥을 주시겠습니까?"

"물론이오! 저 해로운 동물을 없애 주기만 한다면 반드시 약속을 지키겠소."

사나이는 거리로 나가 피리를 불기 시작했어요. 여기저기서 쥐들이 쏟아져 나와 홀린 듯 사나이 뒤를 쫓아갔어요. 강가에 다다르자, 쥐들은 마치 약속이라도 한 듯 차례대로 물속으로 뛰어들었어요. 쥐를 없앤 사나이는 다시 시장을 찾아갔어요.

"약속한 돈을 주시지요."

"쥐가 없어진 건 맞지만 자네가 딱히 한 일은 없지 않나? 고작 피리나 불고 큰돈을 달라니, 너무 뻔뻔하군. 이거나 받고 돌아가게."

시장은 사나이 발밑으로 금화 세 개를 던졌어요. 사람들은 낄낄대며 웃었지요.

"약속을 어긴 걸 후회하게 될 겁니다."

사나이는 금화를 짓밟고 돌아섰어요. 그러고는 다시 거리로 나가 피리를 불기 시작했어요. 이집 저집에서 아이들이 뛰어나와 홀린 듯 사나이 뒤를 따라갔어요. 사나이는 다리를 건너고 언덕을 넘어 깊고 깊은 동굴로 들어갔어요. 아이들도 차례대로 동굴로 들어갔지요. 마지막 아이가 들어가자 동굴 문이 굳게 닫혔어요. 그 후로 아무도 피리 부는 사나이와 아이들을 보지 못했답니다.

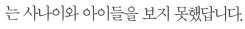

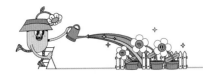

어휘 알기 색칠한 낱말과 초성을 보고 뜻풀이에 알맞은 낱말을 ____에 쓰세요.

| ㅂ | 어떤 일을 널리 알리기 위해 사람들이 많이 모이는 곳에 써 붙이는 글. | _____ |

| ㅅ | ㅈ | 도시를 맡아서 다스리는 사람. | _____ |

| ㅎ | ㄹ | ㄷ | 무엇의 꾐에 빠져 정신을 차리지 못하다. | _____ |

독해력 기르기

01 하멜른 시민들이 겪은 어려움에 ○ 하세요.

(1) 전염병이 퍼진 것   (   )

(2) 쥐가 너무 많은 것   (   )

(3) 먹을 것이 부족한 것   (   )

02 이 글의 내용으로 알맞으면 ○, 알맞지 않으면 ✕ 하세요.

(1) 시민들은 시장을 찾아가 쥐 문제를 해결해 달라고 했다.   (   )

(2) 시장은 쥐를 없애 주는 사람에게 큰돈을 주겠다고 했다.   (   )

(3) 낯선 사나이가 찾아와 커다란 덫으로 쥐를 모두 없애 주었다.   (   )

03 약속한 돈을 받지 못한 사나이가 한 일로 알맞은 것에 ○ 하세요.

(1)
> 피리를 불어
> 다른 도시의 쥐들을
> 몰고 왔다.

(2)
> 피리 소리로
> 아이들을 꾀어
> 동굴로 사라졌다.

04 이 글 뒤에 이어질 하멜른의 모습을 바르게 상상해 말한 친구를 모두 골라 ○ 하세요.

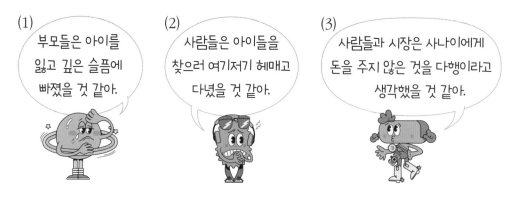

(1) 부모들은 아이를 잃고 깊은 슬픔에 빠졌을 것 같아.

(2) 사람들은 아이들을 찾으러 여기저기 헤매고 다녔을 것 같아.

(3) 사람들과 시장은 사나이에게 돈을 주지 않은 것을 다행이라고 생각했을 것 같아.

05 이 글을 읽고 친구들이 생각하거나 느낀 점을 쓴 것이에요. 가장 알맞은 내용을 쓴 친구의 이름을 쓰세요. (   )

➡ 지키지 못할 약속을 해서 후회하는 사람들의 이야기를 통해 약속은 절대 하면 안 된다는 것을 깨달았다. -루라

➡ 약속을 어겨 불행한 일이 일어난 이야기를 통해 약속한 것은 반드시 지켜야 한다는 것을 깨달았다. -하랑

➡ 약속을 잘 지켜 성공한 인물의 이야기를 통해 약속의 중요성을 알게 되었다. -민주

06 이 글의 내용을 요약했어요. 빈칸에 들어갈 알맞은 말을 쓰세요.

독일의 도시 하멜른 시민들은 ①◻ 때문에 골치가 아팠다. 시장은 쥐를 없애 주는 사람에게 큰돈을 준다는 방을 붙였고 낯선 사나이가 찾아와 ②◻◻를 불어 쥐를 모두 없애 주었다. 시장이 약속한 돈을 주지 않자 사나이는 피리 소리로 아이들을 꾀어 깊은 ③◻◻로 사라져 버렸다.

① _____   ② _____   ③ _____

📖 모양이 같은 말

빈 곳에 공통으로 들어갈 말을 빈칸에 쓰세요.

(1)

_____은 도시의 문제를
해결하기 위해 고민했다.

_____에 가서 과일과
생선을 샀다.

(2)

거리에 _____이 붙었다.

_____을 깨끗이 청소했다.

📖 어울려 쓰는 말

어울려 쓰는 말이 바르게 쓰인 것에 모두 ○ 하세요.

(1) 하얀 꽃잎이 <u>마치</u> 눈처럼 떨어졌다.   (   )

(2) 쥐들은 <u>마치</u> 약속이라도 한 듯 물속으로 뛰어들었다.   (   )

(3) 단풍이 든 나무를 보니 <u>마치</u> 나무가 새 옷을 <u>갈아입었다</u>. (   )

'마치'는 '–듯,
–처럼'이나
'–같다'라는 말과
어울려 써야 해.

토픽 한 줄 정리

네가 하멜른 시민이라면, 피리 부는 사나이에게 뭐라고 했을까?

☐ 미안하다고 사과할 거야.   ☐ 다시는 약속을 어기지 않겠다고 다짐할 거야.

_____

그림으로 하는 약속이 있다는 걸 알고 있니?
궁금하면 다음 장을 넘겨 봐! >>>>>

약속된 그림 문자, 픽토그램

우리 주변에는 글자가 아닌데도 누구나 그 뜻을 알 수 있는 그림 기호가 있습니다. 건물 내에서 화장실이나 비상구, 엘리베이터 등을 나타낸 그림 기호가 대표적입니다. 이처럼 사물이나 시설, 행동 등을 누구나 쉽게 알아볼 수 있도록 상징적인 그림으로 나타낸 것을 픽토그램이라고 합니다. 픽토그램은 나라나 문화가 달라도 누구나 쉽게 그 의미를 알 수 있다는 점에서 공통의 언어이자 약속이라고 할 수 있습니다. 픽토그램이 어떻게 활용되는지 살펴볼까요?

전화　　공항

식당　　에스컬레이터

픽토그램은 장소나 시설을 나타낼 때 많이 쓰입니다. 장소나 시설을 나타내는 픽토그램에는 그곳을 이용하는 사람들의 모습이나 관련 있는 사물이 그려져 있는 경우가 많습니다.

픽토그램은 지켜야 할 규칙이나 주의해야 할 점을 알려 주기도 합니다. 이러한 픽토그램은 그림과 함께 색깔로 금지, 주의, 안전 등을 표시합니다.

음식물 금지　　손 씻기

빨간색 원 안의 빗금 모양은 해서는 안 되는 행동을 뜻하고 파랑은 지시대로 행동하라는 뜻입니다. 또 노랑은 주의 및 경고, 초록은 안전을 뜻합니다.

픽토그램은 올림픽과 같은 국제 행사에도 활용됩니다. 올림픽이 열릴 때마다 개최지의 특징이 담긴 픽토그램을 개발합니다. 올림픽에 사용되는 픽토그램은 경기 종목을 단순하게 표현해 어떤 종목인지 단번에 알 수 있도록 만듭니다. 전 세계인이 알아볼 수 있어야 하기 때문입니다.

머리 위 주의　　비상 대피소

이처럼 픽토그램은 우리 생활 곳곳에서 하나의 약속으로 자리 잡고 있습니다.

양궁　　사이클　　축구　　역도

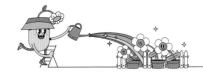

어휘 알기 색칠한 낱말과 초성을 보고 뜻풀이에 알맞은 낱말을 ___에 쓰세요.

| ㄷ | ㅅ | 복잡하지 않고 간단함. _____

| ㅅ | ㅁ | 일과 물건을 아울러 이르는 말. _____

| ㄱ | ㅊ | ㅈ | 행사나 모임 등을 여는 장소. _____

독해력 기르기

01 이 글에서 설명하는 내용을 골라 기호를 쓰세요. (　　　　)

　㉮ 올림픽 인기 종목
　㉯ 픽토그램의 뜻과 쓰임
　㉰ 공공장소에서 지켜야 할 규칙

02 픽토그램에 대해 바르게 설명한 것에 ○ 하세요.

(1) 사물이나 시설, 행동 등을 글로 자세히 나타낸 것이다. 　　　　(　　　)

(2) 나라나 문화가 달라도 픽토그램을 보면 그 뜻을 쉽게 알 수 있다. (　　　)

03 이 글의 내용으로 알맞으면 ○, 알맞지 않으면 ✕ 하세요.

(1) 장소나 시설을 나타내는 픽토그램에는 그곳을 이용하는 사람들의 모습이나 관련 있는 사물이 그려져 있는 경우가 많다. 　　　　(　　　)

(2) 올림픽에 사용되는 픽토그램은 경기 종목을 단순하게 표현한다. 　(　　　)

(3) 규칙이나 주의할 점을 알려 주는 픽토그램에서 노랑은 주로 안전을 뜻한다.

　　　　(　　　)

04 다음 픽토그램의 의미로 알맞은 것을 찾아 선으로 이으세요.

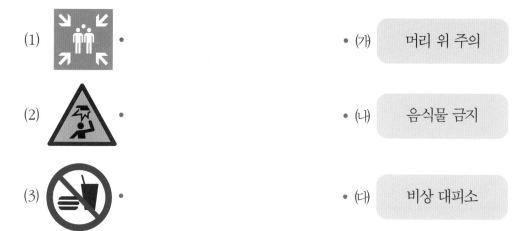

(1) •

(2) •

(3) •

• (가) 머리 위 주의

• (나) 음식물 금지

• (다) 비상 대피소

05 이 글을 읽고 자신의 생각을 바르게 말한 친구에 ○ 하세요.

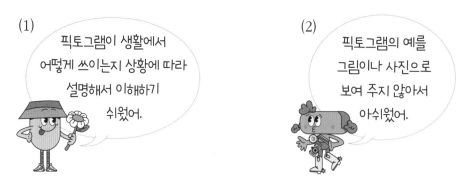

(1) 픽토그램이 생활에서 어떻게 쓰이는지 상황에 따라 설명해서 이해하기 쉬웠어.

(2) 픽토그램의 예를 그림이나 사진으로 보여 주지 않아서 아쉬웠어.

06 이 글의 내용을 요약했어요. 빈칸에 들어갈 알맞은 말을 쓰세요.

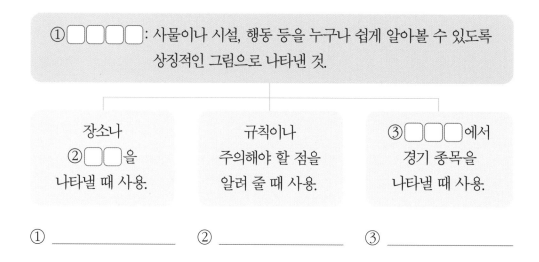

① □□□□ : 사물이나 시설, 행동 등을 누구나 쉽게 알아볼 수 있도록 상징적인 그림으로 나타낸 것.

장소나 ②□□을 나타낼 때 사용.

규칙이나 주의해야 할 점을 알려 줄 때 사용.

③□□□에서 경기 종목을 나타낼 때 사용.

① _____ ② _____ ③ _____

뜻이 비슷한 말

밑줄 친 말과 뜻이 비슷한 말을 찾아 선으로 이으세요.

(1) 픽토그램은 우리 생활 곳곳에서 <u>쓰인다</u>.   •   • (가) 표현한다

(2) 4년마다 올림픽이 <u>열린다</u>.   •   • (나) 활용된다

(3) 픽토그램은 대상의 특징을 단순하게 <u>나타낸다</u>.   •   • (다) 개최된다

헷갈리는 말

알맞은 말에 ○ 하세요.

어떻게	어떡해
'어떠하다'가 줄어든 '어떻다'에 '-게'가 붙은 말.	'어떻게 해'가 줄어든 말.
예 그림을 어떻게 그리지?	예 그림을 망쳤는데 이걸 어떡해.

'어떡해'는 문장의 끝부분에 쓰고, '어떻게'는 상태나 움직임을 나타내는 말을 꾸밀 때 써.

(1) 약속을 또 어기면 (어떻게 , 어떡해).

(2) 픽토그램은 (어떻게 , 어떡해) 쓰일까?

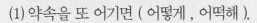

토픽 한 줄 정리

픽토그램을 만들어 봐!

☐ 차 조심
☐ 나쁜 말 금지
☐ 준비물 잘 챙기기
☐ _____

거짓말이 역사를
바꾸었다고?

거짓말을
하면 코가
길어진다고?

거짓말은
사람만 할까?

거짓말

| 사실이 아닌 것을 사실인 것처럼 꾸며 대어 말을 함.

거짓말로
목숨을
구했다고?

거짓말은
무조건 나쁜 걸까?

내가 한 거짓말 중에
가장 큰 것은?

거짓말을 알아내는
방법이 있을까?

좋은
거짓말도
있을까?

피노키오의 거짓말

파란 머리 요정은 나무에 매달려 있던 피노키오를 집에 데려와 보살펴 주었어요. 피노키오의 몸이 좋아지자, 파란 머리 요정은 피노키오에게 이것저것 물어보았어요.

"피노키오, 이제 무슨 일이 있었는지 말해 줄 수 있니?"

피노키오는 금화를 얻은 이야기, 여우와 고양이에게 속은 이야기, 금화 때문에 도둑들에게 붙잡혀 나무에 매달리게 된 이야기까지 모두 털어놓았어요.

"그럼 금화는 지금 어디에 있어?"

파란 머리 요정이 물었어요.

"잃어버렸어요."

피노키오는 거짓말을 했어요. 금화는 피노키오의 주머니 속에 있었거든요. 그런데 피노키오가 거짓말을 하자마자 갑자기 코가 쑥 늘어났어요.

"어디에서 잃어버렸는데?"

"숲속에서요."

두 번째 거짓말에 피노키오의 코가 더욱더 길게 늘어났어요.

"이제 생각났어요. 사실은 입에 물고 있었는데 그만 꿀꺽 삼켜 버렸어요."

세 번째 거짓말에는 코가 너무나 길어져 몸을 움직이기도 힘들었어요.

"피노키오, 거짓말은 결국 들통난단다. 거짓말을 하면 길어지는 네 코처럼 말이야."

피노키오는 부끄러워 도망치고 싶었지만 길어진 코 때문에 옴짝달싹 못 했어요. 피노키오가 울음을 터뜨리며 슬퍼하자, 파란 머리 요정은 딱따구리 떼를 불렀어요. 딱딱 딱딱딱, 딱따구리들이 피노키오의 코를 쪼아 댔어요. 코가 원래대로 돌아올 때까지 피노키오는 빨개진 얼굴로 가만히 앉아 있었어요.

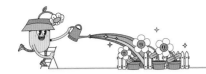

어휘 알기 색칠한 낱말과 초성을 보고 뜻풀이에 알맞은 낱말을 ___에 쓰세요.

| ㅂ | ㅅ | ㅍ | ㄷ | 정성을 기울여 보호하며 돕다.

_____

| ㅇ | ㅉ | ㄷ | ㅆ | 몸을 아주 조금 움직이는 모양.

_____

| ㄷ | ㅌ | ㄴ | ㄷ | 몰래 감추어 온 일이 드러나다.

_____

독해력 기르기

01 이 글의 중심인물은 누구인지 빈칸에 알맞은 이름을 쓰세요.

| | | | |

02 이 글의 내용으로 바르지 <u>않은</u> 것은 무엇인가요? (   )

① 피노키오는 파란 머리 요정에게 거짓말을 했다.
② 피노키오는 도둑들에게 금화를 모두 빼앗겼다.
③ 피노키오가 거짓말을 하자 코가 점점 길어졌다.
④ 피노키오는 도둑들에게 잡혀 나무에 매달리게 되었다.
⑤ 딱따구리 떼가 피노키오의 코를 원래대로 되돌려 놓았다.

03 거짓말을 들켰을 때 피노키오의 마음은 어땠나요? (   )

① 화나다   ② 재미있다   ③ 지루하다
④ 부끄럽다   ⑤ 섭섭하다

04 파란 머리 요정이 피노키오의 코를 길게 만든 까닭은 무엇일까요? 바르게 짐작한 친구의 이름을 쓰세요. (   )

> 승빈: 피노키오가 자꾸 거짓말을 하니까 거짓말하는 버릇을 고쳐 주려고 그런 거야.
> 종윤: 피노키오를 구해 주고 보살펴 주었는데도 자신에게 거짓말을 하니까 화가 나서 그런 거야.
> 예서: 자신의 마법 실력을 피노키오에게 자랑하고 싶어서 그런 거야.

05 피노키오에게 해 줄 수 있는 말로 알맞은 것에 ○ 하세요.

(1) 돈을 아껴 쓰도록 해.   (   )

(2) 약속을 잘 지키도록 해.   (   )

(3) 거짓말을 하지 않도록 해.   (   )

(4) 친구와 사이좋게 지내도록 해.   (   )

06 이 글의 내용을 요약했어요. 빈칸에 들어갈 알맞은 말을 쓰세요.

> 파란 머리 요정은 나무에 매달려 있던 ①□□□□를 데려와 돌보았다. 그런데 피노키오가 파란 머리 요정에게 자꾸 ②□□□을 했다. 그러자 피노키오의 코가 점점 길어졌다. 피노키오가 후회하며 울음을 터뜨리자 파란 머리 요정은 ③□□□□ 떼를 불러 피노키오의 코를 원래대로 되돌려 놓았다.

①＿＿＿＿＿   ②＿＿＿＿＿   ③＿＿＿＿＿

뜻이 비슷한 말

글자판에 있는 글자로 뜻이 비슷한 말을 만들어 보세요.

똥	질	다	허
장	미	문	쏘
창	피	부	하
더	파	블	칭
퍼	길	어	지

'물어보다'와 뜻이 비슷한 말

[ ][ ] 하 다

'부끄럽다'와 뜻이 비슷한 말

[ ][ ] 하 다

'늘어나다'와 뜻이 비슷한 말

[ ][ ][ ][ ]

어울려 쓰는 말

문장이 알맞으면 ◉, 알맞지 않으면 ☒에 ○ 하세요.

(1) 쥐는 고양이 앞에서 옴짝달싹 못 한다. ◉ ☒

(2) 피노키오는 옴짝달싹 않고 가만히 서 있었다. ◉ ☒

(3) 나는 옴짝달싹 앉아서 공부만 했어. ◉ ☒

(4) 감기에 걸렸으니 옴짝달싹 말고 푹 쉬어라. ◉ ☒

'옴짝달싹'은 주로 '못 하다', '않다', '말다'와 함께 쓰여. 이렇게 짝을 이루는 말들은 함께 써야 그 뜻이 정확해져.

토픽 한 줄 정리

거짓말을 하면 네 몸에서는 어떤 일이 벌어지니?

☐ 가슴이 두근두근, 얼굴이 화끈화끈   ☐ 손에 땀이 줄줄, 목소리가 덜덜덜

그리고 _____

 거짓말인지 아닌지 알아내는 방법이 있을까?
궁금하면 다음 장을 넘겨 봐! >>>>>

거짓말을 찾아라! 거짓말 탐지기

거짓말 탐지기는 거짓말인지 참말인지를 알아내는 기계예요. 경찰이 범죄 사건을 조사할 때 주로 사용해요. 거짓말 탐지기는 어떤 원리로 거짓말인지 아닌지를 알아낼까요?

거짓말을 하면 불안하기 때문에 심장이 빨리 뛰어 가슴이 두근거려요. 얼굴도 빨개지고 체온이 오르지요. 잔뜩 긴장하기 때문에 식은땀이 나고 숨도 가빠져요. 이렇게 ㉠거짓말할 때 일어나는 몸의 변화를 살펴서 거짓말을 알아내는 거짓말 탐지기를 '폴리그래프'라고 해요. 폴리그래프로 심장이 뛰는 횟수, 체온, 땀의 양, 호흡 등의 변화를 종합적으로 측정해서 검사받는 사람이 하는 말이 참말인지 거짓말인지를 밝혀요.

뇌의 기억 능력을 이용하여 거짓말을 밝혀내는 거짓말 탐지기도 있어요. 바로 '뇌파 탐지기'예요. 뇌는 보고 듣고 경험한 모든 것을 기억해요. 그래서 우리가 알고 있거나 경험한 것들을 보여 주면 뇌에서 반응이 일어나 특정한 뇌파가 나와요. 뇌파 탐지기는 이 뇌파를 측정해 거짓말을 밝혀내요. 뇌파 탐지기로 검사할 때는 특정 사진이나 물건을 보여 주는데, 검사받는 사람이 그 사진이나 물건을 본 적이 있다면 뇌에서 이 뇌파가 발생해요. 뇌파 탐지기에 뇌파가 나타났는데 검사받는 사람이 모르는 것이라고 한다면 거짓말을 하는 것이죠.

거짓말 탐지기는 과학적으로 거짓말을 밝혀내지만 완벽하지는 않아요. 그래서 과학자들은 거짓말을 정확하게 밝혀내려고 다양한 거짓말 탐지 방법을 연구하고 있어요.

▲ 폴리그래프

▲ 뇌파 탐지기

어휘 알기　색칠한 낱말과 초성을 보고 뜻풀이에 알맞은 낱말을 ＿＿에 쓰세요.

| ㄴ | ㅍ | 뇌가 활동할 때 흐르는 미세한 전류. | _____ |

| ㅇ | ㄹ | 어떤 일의 밑바탕을 이루는 생각이나 이치. | _____ |

| ㅊ | ㅈ | 기계나 도구를 이용하여 길이, 높이, 무게, 넓이 등을 잼. | _____ |

독해력 기르기

글의 제목을 보면 글쓴이가 설명하려는 것이 무엇인지 알 수 있어.

01　이 글은 무엇에 대해서 설명하는지 빈칸에 알맞은 말을 쓰세요.

☐☐☐ 탐지기가 거짓말을 밝혀내는 원리

02　이 글의 내용으로 알맞으면 ○, 알맞지 않으면 ✕ 하세요.

(1) 거짓말 탐지기는 경찰이 범죄 사건을 조사할 때 주로 사용한다.　（　　）

(2) 거짓말 탐지기로 거짓말을 완벽하게 밝혀낼 수 있다.　（　　）

(3) 뇌파 탐지기는 뇌파를 측정해 거짓말을 밝혀낸다.　（　　）

(4) 폴리그래프는 거짓말할 때 일어나는 여러 가지 몸의 변화를 살펴서 거짓말을
　　밝혀낸다.　（　　）

03　㉠에서 말한 몸의 변화가 <u>아닌</u> 것은 무엇인가요? （　　）

① 체온이 오른다.　　　② 숨이 가빠진다.　　　③ 눈이 아프다.

④ 식은땀이 난다.　　　⑤ 심장이 빨리 뛴다.

04 이 글을 읽고 느낀 점에 대해 바르게 말한 친구에 ○ 하세요.

(1) 거짓말할 때의
신체 반응을 이용해서
거짓말을 밝혀낸다는
사실이 놀라웠어.

(2) 거짓말 탐지기의 검사 방법이
간단해서 누구나 실생활에서
거짓말 탐지기를 사용할 수
있겠다는 생각이 들었어.

05 거짓말 탐지기 사용에 대한 자신의 생각을 바르게 말한 친구의 이름을 쓰세요.

( )

> **연아:** 거짓말 탐지기는 과학적인 방법으로 거짓말을 밝혀내는 기계야. 그러니
> 거짓말 탐지기의 결과를 완전히 믿어야 한다고 생각해.
> **준환:** 거짓말 탐지기의 정확성은 매우 높지만 완벽하지는 않대. 그러니 거짓말
> 탐지기의 결과를 완전히 믿기보다 참고하는 정도로 사용해야 해.

06 이 글의 내용을 요약했어요. 빈칸에 들어갈 알맞은 말을 쓰세요.

거짓말 탐지기

폴리그래프	뇌파 탐지기
거짓말할 때 나타나는 우리 ①◻의 변화를 살펴서 거짓말을 밝혀내는 거짓말 탐지기.	알고 있거나 경험한 것을 볼 때 뇌에서 흐르는 ②◻◻를 측정해 거짓말을 밝혀내는 거짓말 탐지기.

① _____

② _____

 범(犯)이 들어간 낱말

빈칸에 주어진 글자를 써넣어 한자어를 완성하세요.

犯
범할 범

법을 어기고 죄를 저지르는 일. ☐ 죄

죄를 지은 사람. ☐ 인

죄를 함께 저지르거나 도운 사람. 공 ☐

뜻이 여러 개인 말

밑줄 친 말이 어떤 뜻으로 쓰였는지 번호를 쓰세요.

① 어두운 곳을 밝게 하다.

 밝히다

③ 일의 옳고 그름이나 알려지지 않은 사실을 드러내다.

② 자지 않고 지내다.

(1) 범인을 잡아서 사건의 진실을 꼭 밝히겠어! (　　　)

(2) 옛날에는 등잔불로 어둠을 밝혔대. (　　　)

(3) 잠이 안 와서 밤을 뜬눈으로 밝혔어. (　　　)

토픽 한 줄 정리　　　거짓말을 알아내는 너만의 방법이 있니?

☐ 상대방의 눈을 뚫어지게 쳐다봐!　　　☐ 수상한 점을 계속 물어봐!

그리고 _____

거짓말은 사람만 할까?
궁금하면 다음 장을 넘겨 봐! >>>>>

알고 보면 놀라운 동물의 속임수

동물도 거짓 행동으로 상대를 속여요. 동물들은 어떻게 서로 속고 속일까요?

작은 동물들은 천적을 피하려고 죽은 척하기도 해요. 버지니아주머니쥐는 퓨마나 재규어 같은 천적을 만나면 몸을 축 늘어트려요. 죽은 척하는 거지요. 시체 썩는 냄새까지 내뿜으면서요. 그러면 천적은 버지니아주머니쥐를 먹을 수 없다고 생각해서 다른 먹이를 찾아가지요.

새끼를 보호하려고 다친 척하는 동물도 있어요. 어미 물떼새는 여우가 둥지로 다가오면 일부러 날아올랐다가 다친 척하며 둥지에서 먼 곳에 내려앉아요. 여우는 어미 물떼새를 잡기 쉬운 먹이라고 생각해서 쫓아가지요. 하지만 여우가 가까이 다가오면 어미 물떼새는 잽싸게 날아올라 몸을 피해요. 여우를 유인해 새끼들로부터 떼어 놓는 거예요.

먹이를 독차지하려고 속임수를 쓰기도 해요. 침팬지를 연구한 제인 구달은 한 침팬지에게만 바나나를 많이 주었어요. 이 침팬지는 바나나를 숨겨 놓고 몰래 꺼내 먹다가 다른 침팬지들에게 들켰어요. ㉠침팬지들이 바나나가 있는 곳을 알려 달라며 화를 내자, 이 침팬지는 바나나를 숨긴 곳이 아닌 엉뚱한 곳을 가리켰어요. 그리고 자신은 재빨리 바나나를 숨겨 놓은 곳으로 가서 바나나를 먹었어요.

동물의 세계는 냉정해요. 힘이 없으면 먹이도 빼앗기고, 힘센 동물에게 잡아먹혀요. 그래서 동물들은 약육강식의 세계에서 살아남으려고 속임수를 쓰는 거예요.

어휘 알기 색칠한 낱말과 초성을 보고 뜻풀이에 알맞은 낱말을 ＿＿에 쓰세요.

| ㅊ | ㅈ | 잡아먹는 동물을 잡아먹히는 동물에 상대하여 이르는 말.

＿＿＿＿＿＿＿＿＿＿

| ㄷ | ㅊ | ㅈ | 혼자서 모두 차지함.

＿＿＿＿＿＿＿＿＿＿

| ㅇ | ㅇ | ㄱ | ㅅ | 힘이 약한 것이 힘센 것에게 잡아먹히는 것.

＿＿＿＿＿＿＿＿＿＿

독해력 기르기

01 이 글에서 가장 중심이 되는 낱말 두 개를 골라 ○ 하세요.

| 침팬지   사람   동물   둥지   바나나   속임수 |

02 이 글을 읽고 알 수 <u>없는</u> 것은 무엇인가요? (   )

① 동물들이 속임수를 쓰는 이유

② 어미 물떼새가 다친 척하는 이유

③ 거짓말이 나쁜 이유

④ 침팬지가 동료들을 속인 이유

⑤ 버지니아주머니쥐가 죽은 척하는 이유

03 침팬지가 ㉠과 같은 행동을 한 이유로 알맞은 것에 ○ 하세요.

(1) 다른 침팬지들에게 먹이를 빼앗기기 싫어서 (   )

(2) 다른 침팬지들과 사이가 좋지 않아서   (   )

04 이 글에 나온 다음 동물들은 천적을 피하기 위해 어떤 속임수를 썼는지 선으로 이으세요.

(1) 어미 물떼새 •

(2) 버지니아주머니쥐 •

• (가) 꼼짝하지 않고 축 늘어져 죽은 척한다.

• (나) 다친 척을 해서 둥지에서 먼 곳으로 천적을 꾀어낸다.

05 이 글의 내용을 바르게 설명한 것은 무엇인가요? ( )

① 동물은 재미를 위해 속임수를 쓴다.

② 지능이 높은 동물만 속임수를 쓴다.

③ 동물은 동료에게만 속임수를 쓴다.

④ 자연에서 살아남기 위한 방법으로 속임수를 쓰는 동물도 있다.

⑤ 속임수를 쓰는 동물은 자연에서 살아갈 수 없다.

06 이 글의 내용을 요약했어요. 빈칸에 들어갈 알맞은 말을 쓰세요.

살아남기 위한 동물의 속임수

버지니아주머니쥐 ── ①◻◻을 피하려고 죽은 척해서 목숨을 구한다.

어미 물떼새 ── ②◻◻를 지키기 위해 다친 척해서 천적을 꾀어낸다.

침팬지 ── ③◻◻를 빼앗기지 않으려고 동료들에게 먹이가 있는 곳을 거짓으로 알려 준다.

① _____   ② _____   ③ _____

낱말의 반대말

뜻이 서로 반대되는 말끼리 ◠로 묶으세요.

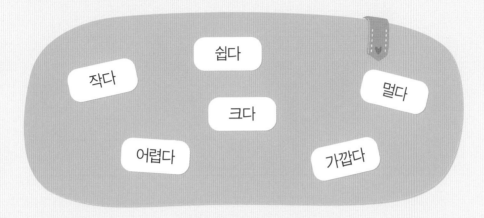

쉽다

작다

멀다

크다

어렵다

가깝다

헷갈리는 말

알맞은 말에 ◯ 하세요.

가르치다
남한테 지식, 기술, 예절 들을 익히게 하거나 깨닫게 하다.

VS

가리키다
손가락 등으로 어떤 것을 집어서 보이거나 말하거나 알리다.

우리말에는 모양이 비슷해서 헷갈리는 말이 있어. 바르게 사용하려면 낱말의 모양과 뜻을 잘 살펴봐야 해.

(1) 선생님께서 수학 시간에 나눗셈을 (가르쳐 , 가리켜) 주셨다.

(2) 나는 손가락으로 북쪽을 (가르쳤다 , 가리켰다).

(3) 시곗바늘이 오전 7시를 (가르치고 , 가리키고) 있다.

토픽 한 줄 정리

거짓말을 한 적이 있니?

☐ 거짓말을 한 적이 있어!   ☐ 거짓말을 한 번도 해 본 적이 없어!

_____에게 _____ 거짓말을 했어.

거짓말로 죽을 고비를 넘긴 동물 이야기가 있대.
궁금하면 다음 장을 넘겨 봐! >>>>>

거짓말 **43**

토끼전

용궁에 도착한 자라와 토끼는 용왕 앞으로 갔어요.

"내가 병이 깊어 온갖 약을 먹어도 효과가 없었다. 그런데 너의 간을 먹으면 병이 낫는다고 하여 자라에게 너를 잡아 오라고 하였다."

용궁에 가면 높은 벼슬을 얻고, 부귀영화를 누릴 수 있다는 자라의 말은 모두 거짓이었어요. ㉠토끼는 눈앞이 캄캄했어요. 어찌해야 살아날지 머리를 굴리다가 문득 한 가지 꾀를 내었어요.

"제 간이 용왕님의 병을 낫게 한다니 정말 다행입니다. 그런데 어쩌지요? 제가 자라를 따라 급히 오느라 간을 숲속에 두고 왔답니다."

용왕은 참으로 어이가 없었어요.

"네 이놈, 세상에 배 속에 붙은 간을 어찌 넣었다 뺐다 한단 말이냐!"

"오직 토끼만이 그럴 수 있습니다. 그래서 토끼의 간이 명약인 거지요."

토끼가 너무나 자신만만하게 말하자, 용왕은 슬슬 토끼의 말에 속기 시작했어요.

"제 간은 육지에서도 귀한 약으로 알려져 있어 모두 탐을 냅니다. 간을 안전한 곳에 숨겨 두었으니 당장 육지로 가서 가져오겠습니다."

용왕은 토끼의 꾀에 깜빡 속아 넘어가 자라와 토끼를 육지로 보냈어요.

육지에 도착하자마자 자라는 다급하게 말했어요.

"어서 간을 찾아 돌아가자."

자라의 말에 토끼는 큰소리로 혼을 냈어요.

"미련한 자라야, 세상에 간을 빼놓고 다니는 동물이 어디 있느냐? 나한테 속은 줄이나 알고 썩 돌아가거라!"

어휘 알기 색칠한 낱말과 초성을 보고 뜻풀이에 알맞은 낱말을 ____에 쓰세요.

ㅌ 가지거나 차지하고 싶은 마음. _____

ㅂ ㅅ 옛날에 나랏일을 맡아보던 자리. _____

ㅁ ㄹ ㅎ ㄷ 매우 어리석고 둔하다. _____

독해력 기르기

01 이 글의 배경이 되는 장소를 찾아 기호를 쓰세요. (   )

㉮ 연못   ㉯ 달나라   ㉰ 용궁   ㉱ 숲속

02 토끼가 ㉠과 같이 생각한 까닭은 무엇인가요? (   )

① 자신의 간으로 용왕의 병을 치료할 수 없으니 속이 상해서
② 간을 육지에 숨겨 놓고 왔는데 달라고 하니 황당해서
③ 높은 벼슬을 준다는 약속을 지키지 않자 화가 나서
④ 자신의 간을 약으로 쓴다고 하니 죽을까 봐 겁이 나서
⑤ 용왕이 자신의 거짓말에 속아 넘어가니 기분이 좋아서

03 이 글에 나오는 인물에 대한 설명으로 알맞으면 ○, 알맞지 않으면 ✕ 하세요.

(1) 용왕은 토끼의 거짓말에 속을 정도로 어리석다. (   )
(2) 자라는 토끼의 꾀에 넘어가지 않을 정도로 현명하고 지혜롭다. (   )
(3) 토끼는 스스로의 힘으로 목숨을 구할 만큼 침착하고 꾀가 많다. (   )

04 토끼가 어떤 방법으로 목숨을 구했는지 알맞은 것을 고르세요. (   )

① 배를 갈라서 간을 꺼내 가라고 당당하게 소리쳤다.

② 용궁에서 재빨리 나와 육지로 도망쳤다.

③ 자신의 간보다 더 좋은 명약을 구해 주었다.

④ 간을 육지에 놓고 와서 배 속에 없다고 꾀를 내어 말했다.

⑤ 용왕에게 살려 달라고 울고불고 사정하였다.

05 이 글을 읽고 토끼의 상황과 어울리는 속담을 모두 고르세요. (,   )

① 하늘이 무너져도 솟아날 구멍이 있다.

② 콩 심은 데 콩 나고 팥 심은 데 팥 난다.

③ 쏟아진 물이다.

④ 소 잃고 외양간 고친다.

⑤ 호랑이에게 물려 가도 정신만 차리면 살 수 있다.

06 이 글의 내용을 요약했어요. 빈칸에 들어갈 알맞은 말을 쓰세요.

토끼는 잘살게 해 주겠다는 자라의 거짓말에 속아 ①□□에 갔다.	→	용왕은 자신의 병을 고친다며 토끼에게 ②□을 달라고 했다.	→	토끼는 간을 숲속에 두고 왔다고 거짓말을 해서 무사히 ③□□로 돌아왔다.

① _____   ② _____   ③ _____

 한자 성어

글자를 모아 한자 성어를 완성하세요.

한자 성어는 한자로 이루어진 말이야.

신 / 길 / 귀 / 아 / 자 / 강 / 부 / 돈

| | | 만 | 만 |

(自信滿滿) 아주 자신이 있음.

| | | 영 | 화 |

(富貴榮華) 재산이 많고, 지위가 높아서 호화롭게 사는 것.

 헷갈리는 말

알맞은 말에 ○ 하세요.

낫다
병이나 상처가 고쳐져 원래대로 되다.

VS

낳다
아이나 새끼를 태어나게 하다.

(1) 약을 먹고 병이 씻은 듯이 (낫다 , 낳다).

(2) 용왕님의 병을 (낫게 , 낳게) 하려면 토끼의 간이 필요해.

(3) 고양이가 어젯밤에 새끼를 (나았다 , 낳았다).

토픽 한 줄 정리   토끼와 자라, 누구의 거짓말이 더 나쁠까?

☐ 토끼의 거짓말이 더 나빠!　　　☐ 자라의 거짓말이 더 나빠!

왜냐하면 _____ 때문이야!

좋은 거짓말도 있을까?
궁금하면 다음 장을 넘겨 봐! >>>>>

하얀 거짓말, 해도 될까?

사회자 '하얀 거짓말'이라고 들어 보았나요? 하얀 거짓말은 좋은 의도로 하는 거짓말이에요. 그러나 좋은 의도라도 거짓말은 해서는 안 된다고 생각하는 사람들도 있어요. 하얀 거짓말에 대한 여러분의 생각을 이야기해 보세요.

민서 ㉠저는 하얀 거짓말을 해도 된다고 생각해요. 하얀 거짓말은 남에게 해가 되지 않기 때문이에요. 하얀 거짓말에는 사람들을 배려하고 격려하는 힘이 있어요. 예를 들어 볼게요. 노래 대회에 나간 친구가 긴장해서 목이 잠겼어요. 이때 목소리가 이상하다고 솔직하게 말한다면 어떻게 될까요? 친구는 자신감을 잃어 노래 대회를 망칠 수 있어요. 하지만 "네 목소리는 항상 듣기 좋아."라고 한다면 친구는 용기를 얻어 더욱 씩씩하게 노래할 거예요. 이처럼 하얀 거짓말을 하면 듣는 사람의 기분을 좋게 하고, 좋은 결과를 가져올 수도 있어요.

예준 저는 하얀 거짓말을 하면 안 된다고 생각해요. 듣는 사람을 배려한다고 하지만 거짓말은 남을 속이는 일이기 때문이에요. 게다가 내가 한 말이 거짓말이었다는 것을 친구가 나중에 알게 되면 더욱 기분이 나쁘지 않을까요? 오히려 "목이 잠겼지만 긴장을 풀고 편하게 노래하면 괜찮을 거야."라고 말하면 친구는 자기 상태를 정확하게 파악해서 문제를 해결하려고 노력할 거예요. 그러니 듣는 사람을 위한다면서 거짓말하는 것보다 솔직하게 말해야 해요.

어휘 알기 색칠한 낱말과 초성을 보고 뜻풀이에 알맞은 낱말을 ___에 쓰세요.

| ㄱ | ㄹ | 따뜻한 말이나 행동으로 힘과 용기를 주는 것. |

_____

| ㅂ | ㄹ | 남을 돕거나 보살펴 주려고 마음을 쓰는 것. |

_____

| ㅇ | ㄷ | 어떤 일을 하려는 계획이나 속뜻. |

_____

독해력 기르기

> 토론이란 어떤 문제에 대하여 각자의 의견을 말하며 논의하는 거야.

01 이 글의 토론 주제는 무엇인지 알맞은 말을 쓰세요.

_____을 해도 될까?

02 민서와 예준이의 의견으로 알맞은 것을 찾아 선으로 이으세요.

(1) 민서 •   • (가) 반대 하얀 거짓말은 하면 안 된다.

(2) 예준 •   • (나) 찬성 하얀 거짓말은 해도 된다.

03 민서가 ㉠처럼 생각한 까닭으로 알맞으면 ○, 알맞지 않으면 ✕ 하세요.

(1) 하얀 거짓말은 남에게 해가 되지 않기 때문에   (   )

(2) 하얀 거짓말은 듣는 사람의 기분을 좋게 하기 때문에 (   )

(3) 하얀 거짓말을 하면 사람들에게 인기를 얻기 때문에   (   )

04 이 글의 내용을 바르게 이해한 친구의 이름을 쓰세요. (   )

> **경석:** 자신의 이익을 위해 하는 거짓말도 하얀 거짓말이라고 할 수 있어.
> **혜련:** 하얀 거짓말을 하면 상대방을 속이는 기쁨을 얻을 수 있어.
> **명수:** 하얀 거짓말은 상대방의 기분을 배려해서 하는 거짓말이야.

05 하얀 거짓말에 대해 민서와 비슷한 생각을 하고 있는 친구에 ○ 하세요.

(1)
> 살쪄 보이냐고 묻는 친구에게 솔직하게 예전에 비해 살이 쪘다고 말해 주었어. 그리고 살이 갑자기 찌면 건강에 좋지 않으니 운동을 하면 좋겠다고 했어.

(2)
> 친구에게 받은 생일 선물이 마음에 안 들었어. 하지만 사실대로 말하면 친구가 속상할까 봐 너무 받고 싶었던 선물이라고 거짓말을 했어.

06 이 글의 내용을 요약했어요. 빈칸에 들어갈 알맞은 말을 쓰세요.

하얀 거짓말을 해도 될까?

민서	예준
하얀 거짓말은 남에게 ①◯가 되지 않고, 상대방의 기분을 좋게 해서 좋은 결과를 가져오기도 하기 때문에 해도 된다.	하얀 거짓말은 남을 ②◯◯◯ 일이고, 거짓말한 것이 밝혀지면 상대방의 기분을 더 나빠지게 하기 때문에 하면 안 된다.

① _____   ② _____

꾸며 주는 말

빈 곳에 들어갈 알맞은 말을 찾아 선으로 이으세요.

(1) 엄마와 아빠는 나를 _____ 사랑해 주셔. •

• (가) 항상
언제나 변함없이.

(2) 네가 잘못을 저지르고서 _____ 큰소리치는 거야? •

• (나) 오히려
짐작이나 바람과는 전혀 다르게.

틀리기 쉬운 말

알맞은 말에 ○ 하세요.

안
'아니'의 준말. 뒤에 오는 낱말을 부정하는 뜻을 나타내는 말.

않다
'-지 않다'로 쓰여 앞말이 뜻하는 행동을 부정하는 뜻을 나타내는 말.

(1) 수학 숙제를 하지 (안았어 , 않았어).

(2) 아침에 일찍 일어나지 (안았어 , 않았어).

(3) 토마토는 절대 (안 , 않) 먹을 거야.

토픽 한 줄 정리

하얀 거짓말은 해도 될까? 너의 선택은!

☐ 하얀 거짓말은 해도 돼!　　　☐ 하얀 거짓말은 절대 하면 안 돼!

왜냐하면 _____ 때문이야!

발견과 발명은
다른 걸까?

내가 한
가장 큰 발견은?

발견의 순간에
'유레카'를 외치는
이유는?

발견

| 어떤 것을 알아내거나 찾아내는 것.

숨겨진 것을
찾아내는 것이
발견이라고?

발명을 이끈
발견이 있다고?

역사를
바로잡은
발견이 있다고?

우리의 생활을
바꾼 발견이 있을까?

발견은
어떻게 하는
걸까?

보물 찾는 아이들

우리 가족은 아빠와 여섯 남매이다. 엄마가 돌아가시고 난 뒤, 아빠의 사업이 힘들어졌다. 하인들은 떠났고, 우리는 잠시 학교를 그만두었다.

"우리 보물을 찾아보자! 몰락한 집안을 일으키기 위해서는 항상 그런 걸 하는 거야."

가끔 재미있는 생각을 하는 오스왈드의 말에 우리는 보물을 찾기로 마음먹었다. 우리는 정원에 가서 땅을 파기 시작했지만 발견한 거라고는 지렁이와 돌멩이뿐이었다.

"너희들 뭐 해?"

마침 이웃집 친구인 앨버트가 궁금해하길래 보물 찾기에 끼워 주었다. 우리는 차례로 구덩이를 파서 굴을 만들었다. 그런데 앨버트가 자기 차례에서 겁을 먹었다. 간신히 앨버트를 달래서 구덩이에 들어가게 했는데, 갑자기 굴 윗부분이 내려앉았다. 다친 곳은 아무데도 없는데 앨버트는 큰 소리로 울부짖었다. 우리는 앨버트 삼촌을 불러왔다. 앨버트 삼촌은 앨버트에게 법석 좀 그만 떨라고 말하며 그 애를 흙더미에서 꺼내 주었다.

"보물을 찾고 있다고? 성공하기 힘들걸. 보통 정원에는 동전 하나 묻혀 있지 않거든."

그런데 앨버트 삼촌이 말을 마치자마자 구덩이 안에서 빛나는 무언가를 가리켰다.

"어, 저게 뭐지?"

오스왈드는 구덩이에서 앨버트 삼촌이 발견한 반짝거리는 것을 가져왔다. 그건 30펜스짜리 동전이었다. 우리는 놀라고 기뻐서 아무 말도 못 하고 서로 쳐다보기만 했다. 그런데 더 놀라운 일이 벌어졌다. 집에 가려던 앨버트 삼촌이 또 무언가를 발견했다. 정말 믿기지 않겠지만 사실이다! 그건 또 다른 30펜스짜리 동전이었다. 앨버트 삼촌이 우리와 함께 매번 보물을 찾아 줬으면 좋겠다. 앨버트 삼촌은 눈이 굉장히 좋은 게 틀림없다.

어휘 알기 색칠한 낱말과 초성을 보고 뜻풀이에 알맞은 낱말을 ___ 에 쓰세요.

| ㅂ | ㅅ | 어수선하게 떠드는 모양.

_____

| ㄱ | ㄷ | ㅇ | 땅이 움푹하게 파인 곳.

_____

| ㅁ | ㄹ | ㅎ | ㄷ | 집안이나 회사, 나라가 보잘것없어지거나 망하다.

_____

독해력 기르기

01 아이들이 보물을 찾으려고 마음먹은 까닭은 무엇인지 알맞은 것에 ○ 하세요.

(1) 몰락한 집안을 일으키기 위해서　(　 　)
(2) 보물을 찾아서 원하는 물건을 사려고　(　 　)

02 정원에서 발견한 것들을 보았을 때, 아이들은 어떤 기분이었을지 선으로 이으세요.

(1) 지렁이와 돌멩이 •

　• (개)　놀라고 기뻤다.

(2) 동전 두 개 •

　• (내)　실망스러웠다.

03 이 글에 나타난 앨버트의 성격으로 가장 알맞은 것을 고르세요. (　 　)

① 재빠르고 사납다.
② 똑똑하고 배려심이 많다.
③ 영리하고 욕심이 많다.
④ 겁이 많고 호들갑스럽다.
⑤ 느긋하고 게으르다.

> 인물의 성격을 짐작할 때는 인물이 어떤 말과 행동을 하는지 살펴봐. 인물과 비슷한 말이나 행동을 하는 친구를 떠올리는 것도 도움이 돼.

04 이 글에 나온 아이들에 대한 설명으로 알맞은 것을 모두 고르세요. (,   )

① 아이들은 보물을 찾아 집안에 도움이 되길 원한다.

② 아이들은 앨버트 삼촌이 보물을 잘 찾는다고 생각한다.

③ 아이들은 보물을 찾기 위해 위험한 곳에 가려고 한다.

④ 아이들은 동전을 앨버트 삼촌에게 선물하고 싶어 한다.

⑤ 아이들은 앨버트가 보물 찾는 데 도움이 된다고 생각한다.

05 이 글을 읽고 자신의 생각을 바르게 말한 친구에 ○ 하세요.

(1)
아이들이 진심으로 아빠를
위한다면 말썽 피우지 말고 얌전히
있어야 해. 보물을 찾는다고 집 안을
어질러 놓았잖아. 내가 아빠였다면
무척 화났을 거야.

(2)
몰락한 집안을 일으키겠다고
보물을 찾는 아이들이 엉뚱해 보였어.
그런데 진짜로 정원에서 동전을 발견하다니
너무 놀라웠어. 앞으로 아이들에게
어떤 일이 생길지 기대돼.

06 이 글의 내용을 요약했어요. 빈칸에 들어갈 알맞은 말을 쓰세요.

아이들은 집안 사정이 어려워지자 정원에서 ①◻◻을 찾기로 했다. 아이들
은 이웃집 친구인 ②◻◻◻와 함께 굴을 팠는데, 앨버트가 굴에 들어갔다
가 흙에 파묻혔다. 앨버트 삼촌은 앨버트를 꺼내 주고, 구덩이에서 30펜스짜
리 ③◻◻을 두 개나 찾아 주었다.

① _____   ② _____   ③ _____

 문장 부호

사다리를 타고 내려가 빈칸에 알맞은 문장 부호를 쓰세요.

. (마침표)	? (물음표)	! (느낌표)
문장을 끝내는 표시로 쓰는 문장 부호.	물음이나 의심을 나타내는 문장의 끝에 쓰는 문장 부호.	느낌을 나타내는 문장의 끝에 쓰는 문장 부호.

정말 아름답구나 ☐

점심 먹었니 ☐

학교에 가다 ☐

 틀리기 쉬운 말

알맞은 말에 ○ 하세요.

웃-	VS	윗-
위, 아래의 구분이 없는 낱말에 쓴다.		위, 아래의 구분이 있는 낱말에 쓴다.

'웃'과 '윗'은 모두 '위'를 뜻하는 말이야. 하지만 쓰임이 다르니, 잘 구분해서 써야 해.

(1) (웃어른 , 윗어른)을 만나면 인사를 해야 해.

(2) 동굴의 (웃부분 , 윗부분)이 무너져 내렸어.

토픽 한 줄 정리 만약 보물을 발견한다면?

☐ 갖고 싶은 장난감을 잔뜩 사야지!   ☐ 어려운 이웃을 도와야지!

그리고 ＿＿＿＿＿＿＿＿＿＿＿＿＿＿＿＿＿＿＿＿＿을(를) 해야지!

 멋진 발견을 했을 때 '유레카'라고 외치는 이유가 뭘까? 궁금하면 다음 장을 넘겨 봐! >>>>>

발견의 기쁨, 유레카

유레카는 그리스어로, '알아냈다'라는 뜻이에요. 고대 그리스의 과학자 아르키메데스가 외친 말로 유명해요. 아르키메데스는 왜 '유레카'를 외쳤을까요?

옛날에 시라쿠사의 히에론왕은 순금으로 왕관을 만들게 했어요. 그런데 왕은 새 왕관에 금보다 싸고 가벼운 은이 섞인 게 아닌가 의심했어요. 그래서 아르키메데스에게 왕관을 순금으로 만들었는지 알아내라는 명령을 내렸어요.

아르키메데스는 문제가 풀리지 않아 속이 탔어요. 몇 날 며칠을 끙끙대던 아르키메데스는 머리를 식히려고 목욕탕에 갔지요. 목욕탕 욕조에 물이 가득 차 있었는데 아르키메데스가 욕조에 들어가자 물이 넘쳐흘렀어요.

그 순간 아르키메데스는 벌떡 일어나 "유레카!"라고 외쳤어요. 욕조에 들어갔을 때 자신의 부피만큼 물이 넘친다는 사실을 깨달은 거예요. 왕관을 순금으로 만들었다면 같은 무게의 순금과 부피가 같겠죠? 그렇다면 왕관을 넣었을 때 흘러넘치는 물의 양과 순금을 넣었을 때 흘러넘치는 물의 양이 같을 거예요. 아르키메데스는 문제를 해결할 방법을 발견하자 기쁨에 겨워 벌거벗은 것도 잊은 채 집으로 달려갔어요.

아르키메데스는 물을 가득 채운 커다란 그릇에 왕관과 순금을 각각 넣어 흘러넘친 물의 양을 비교했어요. 그랬더니 왕관에서 흘러넘친 물의 양이 더 많았어요. 왕관은 순금으로 만든 게 아니었어요. 이렇게 아르키메데스는 왕이 낸 문제를 해결했어요.

이후로 사람들은 생각하지 못한 발견을 했을 때 아르키메데스처럼 '유레카'를 외쳐요. 오늘날까지 '유레카'는 발견의 기쁨을 표현하는 말로 쓰이고 있어요.

어휘 알기 색칠한 낱말과 초성을 보고 뜻풀이에 알맞은 낱말을 ____에 쓰세요.

| ㅁ | ㄱ | 무거운 정도.

_____

| ㅅ | ㄱ | 다른 물질이 섞이지 않은 순수한 금.

_____

| ㅂ | ㅍ | 넓이와 높이가 있는 물건이 차지하는 공간 크기.

_____

독해력 기르기

01 '유레카'의 뜻은 무엇인지 쓰세요.

> 유레카는 그리스어로 '_____'라는 뜻이다.

02 왕이 아르키메데스에게 내린 명령은 무엇인지 알맞은 것에 ○ 하세요.

(1) 왕관을 순금으로 만들었는지 알아내거라.   (   )

(2) 왕관에 들어간 순금의 무게를 알아내거라.   (   )

03 아르키메데스가 목욕하다가 발견한 사실은 무엇인지 알맞은 것의 기호를 쓰세요.

(   )

> ㉮ 물체를 물에 넣으면 무게를 잴 수 있다.
> ㉯ 물체를 물에 넣으면 부피만큼 물이 넘친다.

아르키메데스가 욕조의 물이 넘치는 것을 보고 알아낸 것을 떠올려 봐!

04 이 글을 쓴 까닭으로 알맞은 것에 ○ 하세요.

(1) 부피에 대해 설명해 주려고 ( )

(2) 왕관을 만드는 방법을 알려 주려고 ( )

(3) '유레카'라는 말을 왜 쓰게 되었는지 알려 주려고 ( )

05 사전에 실린 '유레카'의 뜻을 보고, '유레카'라고 말하기에 알맞은 상황의 친구에 ○ 하세요.

> 유레카 「명사」 새로운 것을 발견하거나 깨달음 따위를 얻었을 때 놀람, 기쁨, 만족감 따위를 큰 소리로 외침.

(1) 은행에 일 년 동안 꼬박꼬박 저축한 돈을 오늘 찾았어.

(2) 어려운 수학 문제를 풀다가 해결할 방법을 찾았어.

06 이 글의 내용을 요약했어요. 빈칸에 들어갈 알맞은 말을 쓰세요.

유레카의 뜻	'알아냈다'라는 뜻의 그리스어
유레카의 유래	아르키메데스는 왕에게 왕관이 ①◻◻으로 만들어졌는지 알아내라는 명령을 받았다. 목욕을 하러 욕조에 들어갔다가 물체의 부피만큼 물이 넘친다는 사실을 발견한 뒤, 문제를 풀었다는 기쁨에 ②'◻◻◻!'라고 외쳤다. 오늘날까지 '유레카'는 ③◻◻의 기쁨을 나타내는 말로 쓰이고 있다.

① _____ ② _____ ③ _____

관용 표현

문장에 어울리는 말을 빈 곳에 쓰세요.

머리를 식히다	긴장을 풀고 마음을 편안하게 하다.
속이 타다	걱정되어 마음을 애태우다.

관용 표현은 둘 이상의 낱말이 어울려 원래의 뜻과는 다르게 새로운 뜻으로 굳어진 표현이야.

문제를 어떻게 풀지?
정말 _____ 타는군.

_____를 식히는 데는 목욕이 최고야.

 틀리기 쉬운 말

문장이 알맞으면 ◎, 알맞지 않으면 ☒에 ○ 하세요.

(1) 오늘은 몇 월 몇 일입니까? ◎ ☒
(2) 며칠 동안 집에만 있었어. ◎ ☒
(3) 시험은 몇 월 며칠에 보니? ◎ ☒

'며칠'은 '오늘이 며칠이지?'처럼 그달의 몇째 되는 날이나, '며칠 동안 비가 내렸니?'처럼 날수를 뜻하는 말이야. '며칠'을 '몇 일'로 쓰는 경우가 있는데 '몇 일'은 틀린 말이야. 항상 '며칠'로 써야 해.

토픽 한 줄 정리 뜻밖의 발견을 했을 때 너의 행동은?

☐ 신나서 소리를 질러!   ☐ 몸을 흔들며 기쁨을 표현해!

그리고 _____

숫자 0은 누가 어떻게 발견했을까?
궁금하면 다음 장을 넘겨 봐! >>>>>

숫자 0의 발견

20○○년 ○월 ○일 ○요일 날씨: 해가 쨍쨍 내리쬐는 더운 날

수업 시간에 선생님께서 인도 사람들이 숫자 '0'을 발견했다고 말씀하셨다. 그리고 0의 발견은 수학의 역사에서 대단한 사건이라고 하셨다. 숫자 0이 뭐길래 그렇게 대단하다고 하시는지 궁금해져서 인터넷 검색으로 알아보았다.

처음에 인도 숫자는 1부터 9까지 모두 아홉 개였다. 그래서 '203(이백삼)'의 경우, 십의 자리를 비워 놓고 '2 3'으로 썼다. 그런데 어떤 사람은 '203(이백삼)'을 '2 3'으로 썼지만 어떤 사람은 '2   3'으로 썼다. 사람마다 비워 놓는 간격이 달라서 '203(이백삼)'인지 '2003(이천삼)'인지 헷갈리는 일이 생겼다. 그래서 자리를 비우는 대신 기호인 점(•)을 넣었는데, 이것이 점차 0으로 바뀐 것이다. 처음에는 0이 숫자가 아니라 '빈 자리'를 표시하는 '기호'였다.

그런데 약 600년경쯤 인도의 수학자들은 0이 1, 2, 3과 같은 수라는 것을 발견했다. ⬬⬬⬬ 그림에서 구슬을 나타내는 수가 5라면, ⬭ 그림에서 구슬을 나타내는 수는 0이다. 0이 '없음'을 나타내는 '숫자'임을 발견한 것이다.

0을 발견하면서 아무리 큰 수라도 정확하고 편리하게 쓸 수 있게 되었다. '자릿수 맞춰 계산하기'도 가능해지면서 덧셈, 뺄셈은 물론 곱셈, 나눗셈 같은 복잡한 계산도 거뜬히 해낼 수 있게 되었다. 선생님 말씀처럼 0의 발견은 대단한 일이었다!

어휘 알기 색칠한 낱말과 초성을 보고 뜻풀이에 알맞은 낱말을 ___에 쓰세요.

| ㄱ | ㅎ | 어떤 뜻을 나타내는 데 쓰는 여러 가지 표시.
_____

| ㅇ | ㅅ | 어떤 것이 언제 생겨서 어떻게 바뀌어 왔는지를 적은 것.
_____

| ㅈ | ㄹ | ㅅ | 어떤 수가 가지는 자리가 몇 개인지 나타내는 수.
_____

독해력 기르기

01 이 글의 글감은 무엇인지 쓰세요.

_____의 발견

글감은 글의 내용이 되는 재료를 뜻해. 글쓴이가 일기에서 무엇에 대해 설명했는지 생각해 봐.

02 이 글의 내용으로 알맞으면 ○, 알맞지 않으면 ✕ 하세요.

(1) 처음에 인도 숫자는 0부터 9까지 모두 열 개였다. 　　　(　　)

(2) 옛날에 0은 숫자가 아니라 빈 자리를 표시하는 기호였다. 　(　　)

(3) 인도의 수학자들은 0이 1, 2, 3과 같은 수라는 것을 발견했다. (　　)

03 숫자 0의 발견에 대해 바르게 이해한 친구에 ○ 하세요.

(1)
숫자 0의 발견으로 아무리 큰 수라도 간편하게 읽고 쓸 수 있게 되었어.

(2)
숫자 0의 발견으로 계산이 더 복잡하고 어려워졌어.

04 용돈 기입장을 보고, ⌀ 안의 숫자 0에 대해 바르게 설명한 것의 기호를 쓰세요.

(   )

용돈 기입장

날짜	내용	들어온 돈	나간 돈	남은 돈
1월 10일	1월 용돈 받음.	10,000원		
1월 15일	떡볶이 사 먹음.		4,000원	6,000원
1월 20일	샤프 한 자루 구매함.		3,500원	2,500원
1월 28일	슬라임 구매함.		2,500원	0원

㉮ '없음'을 나타내는 숫자   ㉯ 빈 자리를 표시하는 기호

05 이 글 뒤에 덧붙이면 좋을 내용으로 알맞은 것에 ○ 하세요.

(1) 복잡한 덧셈, 뺄셈, 곱셈,
나눗셈 문제를 만들어
계산해 본다.

(2) 숫자 0에 대해 궁금하거나
더 알아보고 싶은
내용을 적는다.

06 이 글의 내용을 요약했어요. 빈칸에 들어갈 알맞은 말을 쓰세요.

처음에 인도 숫자는 1부터 9까지 모두 아홉 개였다. 이후에 0은 '빈 자리'를 나타내는 ①'☐☐'로 쓰였다. 나중에 인도의 수학자들은 0이 '없음'을 나타내는 ②'☐☐'라는 것을 발견했다. 0을 발견하면서 아무리 큰 수라도 간편하게 쓰고 읽으며, 복잡한 계산도 편리하게 할 수 있게 되었다.

① _____   ② _____

 뜻이 비슷한 말

밑줄 친 말과 뜻이 비슷한 말을 찾아 ✓ 하세요.

이 핸드폰은 사용이 <u>편리하다</u>.

☐ 확실하다 ☐ 간편하다

뜻 어떤 일이 하기 쉽고 편하다.

0의 발견은 <u>대단한</u> 사건이다.

☐ 굉장한 ☐ 어려운

뜻 아주 중요하다.

인터넷으로 숙제를 <u>알아보았다</u>.

☐ 사용하였다 ☐ 조사하였다

뜻 조사하거나 살펴보다.

복잡한 <u>계산</u>도 거뜬히 했다.

☐ 셈 ☐ 숫자

뜻 덧셈, 뺄셈, 곱셈 등으로 수나 양을 셈하는 것.

 준말

밑줄 친 말을 바르게 줄인 것에 ○ 하세요.

(1) 나는 아홉 살이 <u>되었다</u>. → 됐다 됬다

(2) 겨울이 <u>되어서</u> 눈이 왔다. → 되서 돼서

(3) 이제 밥이 다 <u>되었다</u>. → 됐다 됬다

(4) 땀범벅이 <u>되어서</u> 목욕을 했다. → 되서 돼서

'되어'는 '돼'로 줄여 쓰기도 해. 그래서 '되었다'는 '됐다'로, '되어서'는 '돼서'로 줄여 써.

토픽 한 줄 정리 너는 무엇의 발견에 대해 알고 싶니?

☐ 불의 발견   ☐ 석유의 발견   ☐ 플라스틱의 발견   ☐ _____

왜냐하면 _____

 발명과 발견은 같을까, 다를까? 궁금하면 다음 장을 넘겨 봐! >>>>>

발견, 발명이 되다

발명가들은 깊은 고민 끝에 멋진 발명품을 만들어 내요. 하지만 ㉠우연한 발견에서 훌륭한 발명이 나오는 경우도 많아요.

청진기는 아이들의 놀이에서 힌트를 얻어서 만들었어요. 프랑스의 의사 라에네크는 어느 날, 풀숲에서 긴 나무 막대로 노는 아이들을 보았어요. 한 아이가 나무 한쪽을 핀으로 긁고, 다른 아이는 반대편에 귀를 대고 소리를 듣고 있었어요. 이를 본 라에네크는 '소리가 물체를 통하면 더 잘 전달된다.'라는 사실을 발견했어요. 그는 종이

▲ 오늘날의 청진기

를 길게 말아서 환자의 심장 소리를 듣기 시작했어요. 나중에는 나무통을 이용했는데, 심장은 물론 폐의 소리까지 들렸어요. 아이들의 놀이에서 발견한 사실이 청진기의 발명으로 이어진 거예요.

▲ 우표에 들어간 자름 선

똑똑 잘라 쓰는 커터 칼도 생활 속의 작은 발견에서 시작되어 발명된 물건이에요. 일본의 오모라는 사람은 종이를 만드는 공장에서 일했어요. 오모는 종이 자르는 일을 했는데, 칼끝이 금세 무뎌져서 곤란했어요. 그래서 칼끝을 잘라 썼는데, 칼끝을 자르다 손을 자꾸 베었어요. 그러던 어느 날, 우체국에 간 오모는 우표가 잘 뜯어지는 걸 발견하고, 칼에 우표와 같은 자름 선을 넣어 봤어요. 그랬더니 칼끝이 쉽게 잘렸어요. 우연히 발견한 우표의 자름 선이 실마리가 되어 커터 칼이 발명되었지요.

생활에서 얻은 작은 발견이 발명의 열쇠가 되기도 해요. 그러니 항상 주위를 관심 있게 살펴보세요. 무심코 지나치던 것에서 대단한 발견과 발명이 시작될 수 있으니까요.

어휘 알기   색칠한 낱말과 초성을 보고 뜻풀이에 알맞은 낱말을 ____에 쓰세요.

| ㅁ | ㅊ | 돌이나 연필처럼 모양이 있어 보고 만질 수 있는 것.

_____

| ㅇ | ㅍ | 편지나 물건을 보낼 때 우체국에 돈을 낸 표시로 우편물에 붙이는 작고 네모난 표.

_____

| ㅊ | ㅈ | ㄱ | 어디가 아픈지 보려고 몸에 대고 몸속에서 나는 소리를 듣는 기구.

_____

독해력 기르기

01   ㉠을 알맞게 이해한 친구에 ○ 하세요.

(1) 훌륭한 발명은 수많은 연구와 실험 끝에 나온다는 뜻이야.

(2) 작은 발견에서 얻은 아이디어로 훌륭한 발명을 할 수도 있다는 뜻이야.

02   이 글의 내용으로 알맞지 <u>않은</u> 것은 무엇인가요? (   )

① 청진기는 프랑스의 의사 라에네크가 발명했다.

② 라에네크는 아이들의 놀이에서 힌트를 얻어 청진기를 발명했다.

③ 청진기의 모양과 재료는 현재까지 변하지 않고 똑같다.

④ 커터 칼은 일본의 종이 공장에 다니던 오모가 발명했다.

⑤ 오모는 우표의 자름 선에서 힌트를 얻어 커터 칼을 발명했다.

03 이 글에 나온 발명가들의 태도에 대해 <u>잘못</u> 말한 친구의 이름을 쓰세요.

( )

> 호진: 생활 속에서 발견한 작은 아이디어들을 놓치지 않았어.
> 태희: 발명품을 많이 판매할 수 있는 방법을 늘 고민했어.
> 예슬: 일을 하거나 생활하면서 불편하다고 느끼는 점을 고치려고 했어.

04 발견을 바탕으로 발명을 한 경우를 찾아 ○ 하세요.

(1)
> 새가 날개를 틀어 방향을
> 바꾸는 모습에서 힌트를 얻어
> 비행기의 방향 조절 장치를
> 발명한 라이트 형제

(2)
> 오랜 시간 빛을 내는
> 전구를 개발하기 위해
> 천 번이 넘는 실험 끝에
> 전구를 발명한 에디슨

05 이 글의 내용을 요약했어요. 빈칸에 들어갈 알맞은 말을 쓰세요.

발명품	발명 과정
청진기	• 프랑스의 의사 라에네크가 발명함. • 긴 나무 막대로 노는 아이들을 보고, '소리가 물체를 통하면 잘 전달된다.'라는 사실을 ①□□함. • 환자의 심장 소리를 들을 수 있는 청진기를 발명함.
커터 칼	• 일본의 종이 공장에 다니던 오모가 발명함. • 우체국에서 우연히 자름 선대로 뜯어 쓰는 우표를 발견함. • 칼이 무뎌지면 칼끝을 잘라서 쓰는 커터 칼을 ②□□함.

① ＿＿＿＿＿＿＿ ② ＿＿＿＿＿＿＿

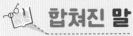

합쳐진 말

낱말과 낱말을 합쳐 뜻에 해당하는 말을 빈칸에 쓰세요.

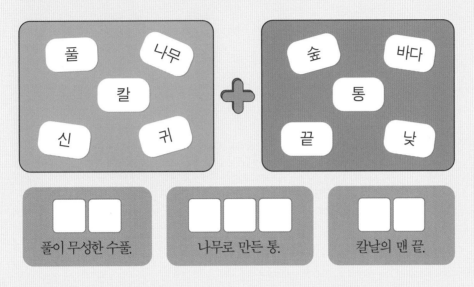

풀	나무
칼	
신	귀

➕

숲	바다
통	
끝	낮

☐☐
풀이 무성한 수풀.

☐☐☐
나무로 만든 통.

☐☐
칼날의 맨 끝.

헷갈리는 말

알맞은 말에 ◯ 하세요.

(1) 장영실은 물시계를 (발명 , 발견)하였다.

(2) 콜럼버스는 아메리카 대륙을 (발명 , 발견)하였다.

(3) 바다 밑에서 침몰했던 보물선을 (발명 , 발견)하였다.

(4) 전기로 가는 자동차를 (발명 , 발견)하였다.

'발견'은 이미 있는 것을
찾아내는 것이고,
'발명'은 없던 것을 새로
만들어 내는 것이야.

토픽 한 줄 정리

네가 쓰는 물건 중 최고의 발명품은 뭐라고 생각해?

☐ 전기 전자 제품 중 _____   ☐ 학용품 중 _____   ☐ _____

왜냐하면 _____

발견으로 되찾은 역사가 있대.
궁금하면 다음 장을 넘겨 봐! >>>>>

역사를 발견한 고고학자 손보기

고고학자 손보기는 일제 강점기에 일본 학자들이 사실과 다르게 주장한 우리나라의 역사를 바로잡고 싶었어요.

"우리나라에 구석기 시대가 없었다고 하는 건 일본의 주장이네. 일본에는 구석기 시대에 사람이 살았다는 흔적이 발견된 적이 없어. 그래서 우리 역사가 일본보다 오래되고 뿌리 깊다는 사실을 인정하고 싶지 않았던 거지."

구석기 시대의 흔적을 찾으려고 공부와 연구를 계속하던 손보기는 충청남도 공주 석장리에서 뗀석기를 발견했어요. 뗀석기는 돌을 깨서 만든 연장으로, 구석기 시대에 사용한 것이지요. 뗀석기를 손에 쥔 손보기의 가슴이 쿵쿵 뛰었어요.

'이 발견으로 일본의 잘못된 주장을 바로잡을 수 있어.'

손보기는 하루라도 빨리 발굴을 하고 싶었지만 정부에서는 쉽게 허락하지 않았어요. 일제 강점기에 쓰인 역사를 곧이곧대로 믿는 사람이 많았기 때문이에요. 하지만 손보기는 포기하지 않고 끈질기게 설득하여 결국 허락을 받아 냈어요.

1964년 11월 11일, 드디어 공주 석장리에서 구석기 유적 발굴이 시작되었어요. 손보기와 유적 발굴단은 작은 돌 조각 하나도 허투루 보지 않고 조심스럽게 살폈어요. 공주 석장리에서는 구석기 시대의 유물들이 쏟아져 나왔지요.

"선생님, 이제 한반도에 구석기 시대가 있었다는 사실을 모두 받아들이겠지요?"

제자들은 기쁨에 겨워 활짝 웃으며 말했어요.

"그렇고말고. 우리가 발견한 것은 70만 년 전 한반도에 살던 구석기 사람들의 흔적이네. 이 발견으로 우리는 잃어버린 구석기 시대의 역사를 되찾게 되었어."

*구석기 시대: 약 70만 년에서 1만 년 전에 해당하는 시기로, 돌을 깨트려 도구를 만들던 시대.

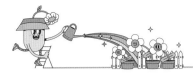

어휘 알기 색칠한 낱말과 초성을 보고 뜻풀이에 알맞은 낱말을 ___에 쓰세요.

| ㅅ | ㄷ | 자기 뜻에 따르게 말로 타이르는 것. _____

| ㅇ | ㅈ | 어떠한 일을 하는 데에 사용하는 도구. _____

| ㄱ | ㄱ | ㅎ | ㅈ | 유물이나 유적을 찾아내어
옛사람의 생활을 연구하는 사람. _____

독해력 기르기

01 이 글의 주요 인물은 누구인지 빈칸에 이름을 쓰세요.

고고학자 [ ] [ ] [ ]

02 다음 설명을 보고, 뗀석기로 알맞은 사진에 ○ 하세요.

> 뗀석기는 구석기 시대에 사용한 돌을 깨서 만든 연장이다.

(1)   (2)   (3)

03 이 글의 내용으로 알맞은 것에 ○ 하세요.

(1) 손보기는 일본 학자들과 함께 우리 역사를 연구하였다.   (   )

(2) 충청남도 공주 석장리에서는 철로 된 유물들이 쏟아져 나왔다.   (   )

(3) 손보기는 우리나라에 구석기 시대의 역사가 있다는 것을 밝혀냈다. (   )

04 이 글에 나온 손보기에 대해 바르게 평가한 친구에 ○ 하세요.

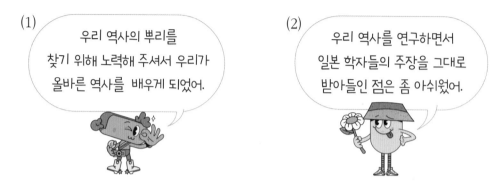

(1) 우리 역사의 뿌리를 찾기 위해 노력해 주셔서 우리가 올바른 역사를 배우게 되었어.

(2) 우리 역사를 연구하면서 일본 학자들의 주장을 그대로 받아들인 점은 좀 아쉬웠어.

05 다음 신문 기사의 제목으로 알맞은 것에 ○ 하세요.

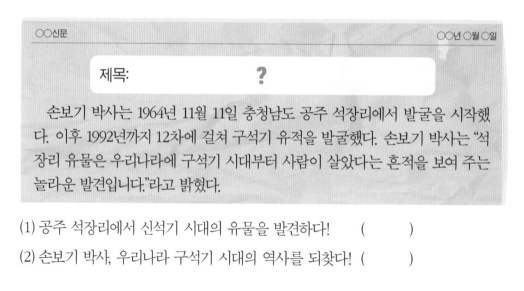

○○신문　　　　　　　　　　　　　　　　　　　　　　○○년 ○월 ○일

제목: **?**

손보기 박사는 1964년 11월 11일 충청남도 공주 석장리에서 발굴을 시작했다. 이후 1992년까지 12차에 걸쳐 구석기 유적을 발굴했다. 손보기 박사는 "석장리 유물은 우리나라에 구석기 시대부터 사람이 살았다는 흔적을 보여 주는 놀라운 발견입니다."라고 밝혔다.

(1) 공주 석장리에서 신석기 시대의 유물을 발견하다!　（　　　）

(2) 손보기 박사, 우리나라 구석기 시대의 역사를 되찾다!　（　　　）

06 이 글의 내용을 요약했어요. 빈칸에 들어갈 알맞은 말을 쓰세요.

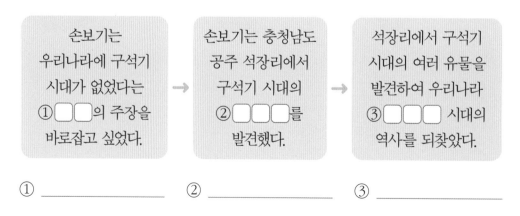

손보기는 우리나라에 구석기 시대가 없었다는 ①□□의 주장을 바로잡고 싶었다. → 손보기는 충청남도 공주 석장리에서 구석기 시대의 ②□□□를 발견했다. → 석장리에서 구석기 시대의 여러 유물을 발견하여 우리나라 ③□□□ 시대의 역사를 되찾았다.

① _____　② _____　③ _____

낱말 퍼즐

가로 풀이와 세로 풀이를 보고, 뜻에 알맞은 말을 빈칸에 쓰세요.

유 ☐
적

가로 풀이
옛사람들이 남긴 물건.

세로 풀이
옛사람들이 남긴 자취. 동굴이나 무덤, 집터 같은 것을 이른다.

발 ☐
☐

가로 풀이
땅속에 묻힌 것을 찾아내는 것.

세로 풀이
어떤 것을 알아내거나 찾아내는 것.

모양이 같은 말

밑줄 친 말의 뜻을 찾아 선으로 이으세요.

(1) 골목길을 마구 뛰었다.

(가) 맥박이나 심장이 벌떡벌떡 움직이다.

(2) 심장이 쿵쿵 뛰었다.

(나) 발을 몹시 재게 움직여 빨리 나아가다.

글자는 같은데 뜻이 다른 낱말이 있어. 글자의 모양이 같을 뿐, 뜻은 서로 아무 관련이 없어.

토픽 한 줄 정리

발견을 잘하는 방법은 무엇일까?

☐ 주변을 요리조리 관찰하기   ☐ 끈기 있게 살펴보기

왜냐하면 _____

지구상의 모든 물체가 물질로 이루어져 있다고?

옛날 사람들은 어떤 물질로 생활 도구를 만들었을까?

물질을 알면 세상을 이해할 수 있다고?

물질

| 물체를 이루는 재료, 본바탕.

미래에는 어떤 새로운 물질이 나올까?

금을 만들기 위해 물질을 연구한 사람들이 있었다고?

새로운 물질은 어떻게 찾는 걸까?

물질의 성질을 이용해 범인을 잡는다고?

불가사리가 무엇을 먹는지 살펴봐!

우리 | 전래

쇠를 먹는 불가사리

옛날 어느 마을에 홀로 사는 아주머니가 있었어요. 남편은 전쟁에 나가 소식이 끊긴 지 오래되었지요. 아주머니는 혼자서 밥을 먹다가 심심하면 밥풀을 뭉쳐서 무언가 만드는 버릇이 있었어요. 하루는 아주머니가 밥풀을 뭉쳐 짐승 모양의 인형을 만들고는 '불가사리'라는 이름을 붙여 주었어요.

"불가사리야, 너는 쇠를 먹고 자라렴. 창이랑 칼이랑 쇠붙이로 된 것들을 모두 삼켜 버리렴."

그러자 신기한 일이 벌어졌어요. 불가사리가 요리조리 움직이며 말을 하는 거예요.

"누가 나에게 밥을 주지?"

아주머니는 깜짝 놀라 반짇고리에 있던 바늘을 하나 주었어요. 불가사리는 바늘을 오독오독 맛있게 씹어 먹었어요. 그러고는 칼, 가위, 인두까지 방 안에 있던 쇠붙이를 몽땅 씹어 먹었어요. 쇠를 먹을수록 불가사리는 몸이 단단해지고 점점 커졌지요.

불가사리는 날마다 쇠붙이를 먹어 치웠어요. 호미, 가마솥 등 집에 있는 쇠붙이란 쇠붙이는 모두 먹어 버려서 아주머니는 밭일도, 밥도 할 수 없었어요.

"어디서 쇠를 구할까?"

불가사리는 마을로 내려가 쇠붙이를 찾아 먹기 시작했어요.

"불가사리가 낫이며 괭이며 죄다 먹어 치워 농사일을 할 수가 없어."

밭에서 일하던 농부가 눈살을 찌푸렸어요.

"도끼가 없으니 산에 나무를 하러 갈 수가 없잖아. 이게 다 불가사리 때문이야."

나무꾼이 화를 내며 말했어요.

아주머니는 불가사리를 어루만지며 속삭였어요.

"이제 너에게 줄 것이 없구나. 전쟁터에 가면 ㉠ 그곳으로 떠나거라."

불가사리는 뚜벅뚜벅 전쟁터로 향했어요.

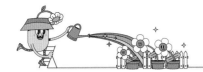

어휘 알기 색칠한 낱말과 초성을 보고 뜻풀이에 알맞은 낱말을 ____ 에 쓰세요.

| ㅈ | ㅅ | 몸에 털이 나고 발이 네 개인 동물. | _____ |

| ㅇ | ㄷ | 바느질할 때 불에 달구어 천의 구김살을 눌러 펴거나 솔기를 꺾어 누르는 데 쓰는 기구. | _____ |

| ㅅ | ㅂ | ㅇ | 쇳조각이나 쇠로 된 물건을 이르는 말. | _____ |

독해력 기르기

01 다음 빈칸에 들어갈 알맞은 말을 쓰세요.

아주머니는 [ ][ ] 을 뭉쳐 불가사리를 만들었다.

02 이 글의 내용으로 알맞으면 ○, 알맞지 않으면 ✕ 하세요.

(1) 불가사리는 쇠붙이를 먹고 몸이 점점 커졌다.   (   )

(2) 불가사리는 힘이 세져 아주머니의 밭일과 집안일을 도와주었다. (   )

(3) 마을 사람들은 불가사리를 위해 쇠로 된 물건을 가져다주었다. (   )

03 ㉠에 들어갈 말로 알맞은 것은 무엇인가요? (   )

① 친구가 있으니

② 할 일이 많으니

③ 쇠붙이가 많으니

④ 가족을 만날 수 있으니

⑤ 사람들이 반겨 줄 테니

04 이 글을 읽고 옛날 사람들의 생활 모습을 짐작한 것으로 알맞은 내용을 모두 골라 ○ 하세요.

(1) 옛날 사람들은 동물을 좋아하지 않았다. ( )

(2) 옛날 사람들은 쇠로 다양한 도구를 만들어 생활에 이용했다. ( )

(3) 옛날에는 농사를 짓거나 산에서 나무를 하며 살아가기도 했다. ( )

05 이야기의 흐름으로 보아 이 글 뒤에 이어질 내용을 바르게 짐작한 친구에 ○ 하세요.

(1)
> 불가사리는 아주머니가 자신을 없애기 위해 전쟁터로 보낸 사실을 알고 몹시 화가 났을 것 같아.

(2)
> 전쟁터로 간 불가사리가 쇠로 된 무기를 모두 먹어 치워서 전쟁을 끝냈을 것 같아.

06 이 글의 내용을 요약했어요. 빈칸에 들어갈 알맞은 말을 쓰세요.

옛날에 한 아주머니가 밥풀을 뭉쳐 인형을 만들고 ① □□□□ 라는 이름을 붙여 주었다. 불가사리는 ② □□□ 를 먹으며 몸이 점점 커졌다. 불가사리가 쇠붙이로 된 물건을 먹어 치우자 사람들의 생활이 불편해졌다. 아주머니는 불가사리에게 ③ □□□ 로 가면 쇠붙이가 많다고 알려 주었다.

① ＿＿＿＿＿＿＿　② ＿＿＿＿＿＿＿　③ ＿＿＿＿＿＿＿

이름을 나타내는 말

농사와 관련된 말을 찾아 길을 따라가 보세요.

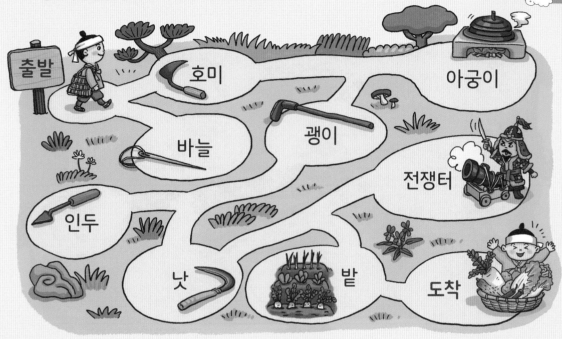

출발

호미

아궁이

바늘

괭이

전쟁터

인두

낫

밭

도착

올바른 발음

밑줄 친 말의 올바른 발음에 ○ 하세요.

(1) 친구와 같이[가치 , 가티] 그림을 그렸다.

(2) 마을에 농사지을 밭이[바치 , 바티] 많다.

(3) 불가사리는 쇠붙이[쇠부치 , 쇠부티]를 먹어 치웠다.

받침 'ㅌ'이 'ㅣ'를 만나면 [ㅊ]으로 바뀌어 소리가 나.

토픽 한 줄 정리

불가사리가 다른 것을 먹었다면 이야기는 어떻게 달라졌을까?

불가사리가 ☐ 나무 ☐ 돌 ☐ _____을(를) 먹어 치웠어. 그래서

_____

쇠(철)로 금을 만들려고 한 사람들에 대해 알고 있니? 궁금하면 다음 장을 넘겨 봐! >>>>>

금을 만드는 기술, 연금술

금은 반짝반짝 빛이 나서 아름다울 뿐만 아니라, 공기 중에서 녹슬지도 않아요. 또 무르고 늘어나는 성질과 펴지는 성질이 커서 다양한 모양을 만들 수도 있어요. 하지만 금은 땅속 깊이 묻혀 있어, 찾기도 캐내기도 쉽지 않아요. 그만큼 귀한 물질이지요.

예로부터 사람들은 금을 귀하게 여기고 몹시 갖고 싶어 했어요. 그러한 바람은 금을 만들 수 있다고 믿는 연금술로 이어졌어요.

연금술은 값싼 금속으로 금을 만드는 기술이에요. 연금술을 연구한 사람들은 납, 구리, 철 등과 같은 금속을 잘게 쪼개고, 녹이고, 섞으면 금을 만들 수 있다고 믿었어요. 하지만 금이 아닌 물질로 금을 만들 수는 없었어요. 　⊙　 금을 만들려고 한 과정에서 얻은 지식과 기술은 과학 발전에 큰 보탬이 되었어요.

오늘날 사용하는 과학 실험 기구 중에는 연금술 덕분에 만들어진 것들이 많아요. 연금술사들은 금을 만들기 위해 물질을 쪼개고, 섞고, 녹이고, 증발시키는 등의 실험을 수없이 반복했는데 이 과정에서 다양한 실험 기구가 만들어졌어요. 무게를 재는 저울, 금속을 녹이는 그릇인 도가니, 목이 긴 실험용 유리병인 플라스크가 대표적이에요.

연금술은 헛된 꿈이었다는 비판도 있지만 과학 발전에 큰 역할을 한 것은 틀림없어요.

어휘 알기 색칠한 낱말과 초성을 보고 뜻풀이에 알맞은 낱말을 ____에 쓰세요.

| ㅈ | ㅂ | 어떤 물질이 액체 상태에서 기체 상태로 변하는 현상. | _____ |

| ㅂ | ㅍ | 현상이나 사물 등의 옳고 그름을 판단하여 밝히거나, 잘못된 점을 지적함. | _____ |

| ㄱ | ㅅ | 열이나 전기를 잘 전달하고, 퍼지고 늘어나는 성질이 있으며, 특수한 광택을 가진 물질. | _____ |

독해력 기르기

01 연금술은 무엇인지 빈칸에 알맞은 말을 쓰세요.

값싼 금속으로 [   ] 을 만드는 기술

02 연금술이 생겨난 까닭과 관련이 깊은 내용은 무엇인가요? (   )

① 금은 반짝반짝 빛이 난다.

② 금은 땅속 깊이 묻혀 있다.

③ 금은 공기 중에서 녹슬지 않는다.

④ 금은 무르고 늘어나는 성질과 퍼지는 성질이 크다.

⑤ 예로부터 사람들은 금을 귀하게 여기고 몹시 갖고 싶어 했다.

03 이 글의 내용으로 알맞으면 ○, 알맞지 않으면 × 하세요.

(1) 연금술사들은 금을 얻기 위해 마법을 연구했다.   (   )

(2) 연금술사들은 과학을 발전시키기 위해 연금술을 연구했다.   (   )

(3) 연금술사들은 납, 구리, 철로 금을 만들기 위해 수많은 실험을 했다. (   )

04 ㉠에 들어갈 말로 알맞은 것에 ○ 하세요.

(1) 연금술은 크게 성공했고   (   )

(2) 연금술은 비록 실패했지만   (   )

(3) 오늘날에도 연금술을 연구하면서   (   )

05 연금술 덕분에 생겨난 과학 실험 기구에는 어떤 것들이 있는지 설명에 해당하는 기구를 찾아 선으로 이으세요.

(1) 금속을 녹이는 그릇 •   • (가) 저울

(2) 무게를 재는 기구 •   • (나) 도가니

(3) 목이 긴 실험용 유리병 •   • (다) 플라스크

06 이 글의 내용을 요약했어요. 알맞은 말에 ○ 하세요.

예로부터 사람들은 ①(금 , 철)을 귀하게 여기고 갖고 싶어 했다.

↓

값싼 금속으로 금을 만드는 기술인 ②(마술 , 연금술)이 생겨났다.

↓

연금술은 실패했지만 ③(과학 , 음악) 발전에 큰 보탬이 되었다.

뜻을 더하는 말

빈칸에 알맞은 말을 쓰세요.

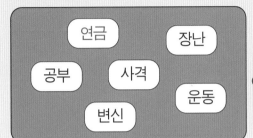

연금 장난
공부 사격
운동
변신

┿

-술

어떤 낱말 뒤에 붙어 '기술', '재주'의 뜻을 더한다.

| 연 | 금 | 술 |
값싼 금속으로
금을 만드는 기술.

| | | 술 |
총, 대포, 활 등을
쏘는 기술.

| | | 술 |
몸의 모양이나
태도를 바꾸는 기술.

헷갈리는 말

밑줄 친 말이 바르게 쓰인 것에 모두 ○ 하세요.

(1) 생선이 <u>썩어</u> 고약한 냄새가 났다. (   )

(2) 여러 가지 물질을 녹이고 <u>썩는</u> 실험을 했다. (   )

(3) 싱싱한 사과와 <u>섞은</u> 사과를 나누어 담았다. (   )

(4) 여러 가지 재료를 <u>섞어</u> 비빔밥을 만들었다. (   )

'섞다'는 두 가지 이상의 것을 하나로 합친다는 뜻이고 '썩다'는 상하거나 상태가 좋지 못하다는 뜻이야.

토픽 한 줄 정리

만약 연금술이 성공했다면 어떤 일이 일어났을까?

연금술이 성공하자 사람들은 _____

그러자 _____

새로운 물질을 연구해 노벨상을 두 번이나 받은
인물을 알고 있니? 궁금하면 다음 장을 넘겨 봐! >>>>>

새로운 물질을 발견한 마리 퀴리

마리 퀴리는 헛간 같은 실험실에서 새우잠을 자며 실험에 몰두했어요.

'라듐을 얻는 방법을 찾아야 해.'

쇠막대기로 끓어오르는 피치블렌드 용액을 저으며, 마리는 반응을 살폈어요.

마리는 남편 피에르 퀴리와 함께 1898년에 피치블렌드 광석에서 라듐을 처음 발견했어요. 라듐은 아주 강한 방사선을 내뿜는 물질인데 피치블렌드에서 그 물질만 뽑아내기가 쉽지 않았어요. 그래서 피치블렌드 광석을 녹이고 끓이는 실험을 수없이 반복하며 그 방법을 찾고 있었어요.

1902년, 마리와 피에르는 4년간의 실험 끝에 드디어 라듐을 분리해 내는 데 성공했어요.

"피에르, 우리가 해냈어요!"

어둠 속에서 푸른빛을 내뿜는 라듐을 보며 마리는 흥분을 감추지 못했어요.

그 후 라듐에서 나오는 방사선이 암을 비롯한 여러 가지 병을 치료하는 데 쓰일 수 있다는 사실이 밝혀졌어요. 그러자 라듐을 얻는 방법을 알려 주면 큰돈을 주겠다는 사람들이 나타났어요. 하지만 마리는 돈을 받지 않고 연구 결과를 세상에 공개했어요.

"과학은 세상 모든 사람들을 위해 쓰여야 합니다."

1903년, 마리는 남편과 함께 방사선 연구로 노벨 물리학상을 받았어요. 남편이 죽은 뒤에도 연구를 계속해 노벨 화학상도 받았어요. 마리는 노벨상을 받은 최초의 여성이자, 노벨상을 두 번이나 받은 최초의 여성이 되었지요.

그러나 몸을 아끼지 않고 밤낮으로 연구에 매달리던 마리는 방사선을 많이 쏘이면 위험하다는 사실을 미처 알지 못했어요. 결국 그녀는 백혈병에 걸렸지만 죽는 순간까지 라듐이 세상에 많은 도움이 되기를 바랐어요.

어휘 알기 색칠한 낱말과 초성을 보고 뜻풀이에 알맞은 낱말을 ____에 쓰세요.

| ㅎ | ㄱ | 막 쓰는 물건을 쌓아 두는 곳. |

_____

| ㄱ | ㅅ | 쓸모 있는 물질을 포함하고 있는 돌. |

_____

| ㅁ | ㄷ | 어떤 일에 온 정신을 다 기울여 열중함. |

_____

| ㅂ | ㅅ | ㅅ | 라듐, 우라늄 등 특수한 물질이 내뿜는 에너지의 흐름. |

_____

독해력 기르기

01 이 글은 누구에 관한 이야기인지 빈칸에 알맞은 인물의 이름을 쓰세요.

| | | | |

02 인물이 한 일로 알맞으면 ○, 알맞지 않으면 ✕ 하세요.

(1) 마리 퀴리는 피치블렌드 광석에서 라듐을 처음 발견했다.   (   )

(2) 마리 퀴리는 남편과 함께 라듐을 얻기 위한 실험을 했다.   (   )

(3) 마리 퀴리는 쉽고 간편하게 라듐을 분리하는 데 성공했다.   (   )

(4) 마리 퀴리는 큰돈을 받고 라듐 연구 결과를 세상에 공개했다. (   )

03 라듐에 대한 설명으로 알맞지 <u>않은</u> 것을 골라 기호를 쓰세요. (   )

> ㉮ 어두운 곳에서 붉은빛을 낸다.
> ㉯ 아주 강한 방사선을 내뿜는 물질이다.
> ㉰ 암을 비롯한 여러 가지 병을 치료하는 데 도움이 된다.

04 이 글을 읽고 마리 퀴리에게 본받을 점을 바르게 말한 친구에 ○ 하세요.

(1) 유명해지기 위해 노력하는 모습을 본받고 싶어.

(2) 자신의 잘못을 반성하는 모습을 본받고 싶어.

(3) 어떤 일에 집중하고 끈기 있게 노력하는 모습을 본받고 싶어.

05 이 글을 읽고 마리 퀴리를 평가한 내용으로 알맞은 것을 모두 고르세요.

(,   )

① 노벨상을 받은 최초의 여성
② 방사선 물질로 암을 치료한 의사
③ 다양한 의료 기기를 발명한 발명가
④ 새로운 물질을 발견해 부자가 된 과학자
⑤ 새로운 물질을 발견해 사람들에게 도움을 준 과학자

06 이 글의 내용을 요약했어요. 빈칸에 들어갈 알맞은 말을 쓰세요.

마리 퀴리는 피치블렌드 광석에서 ①☐☐을 처음 발견하였고 수많은 실험을 통해 라듐을 분리해 내는 데 성공했다. 이후 방사선 연구로 남편과 ②☐☐ 물리학상을 받았고 남편이 죽은 뒤에도 연구를 계속해 노벨 화학상을 받았다. ③☐☐☐에 걸려 죽는 순간까지도 라듐이 세상에 도움이 되길 바랐다.

① _____ ② _____ ③ _____

합쳐진 말

낱말과 낱말을 합쳐 뜻에 해당하는 말을 빈칸에 쓰세요.

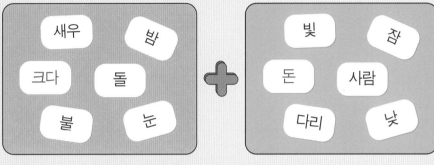

큰	돈

액수가 많은 돈.

밤과 낮을 가리지
않고 늘.

새우처럼 등을
구부리고 자는 잠.

이어 주는 말

빈 곳에 알맞은 이어 주는 말을 쓰세요.

 그리고   그러나   그래서

라듐을 얻는 방법을 알려 주면 큰돈을 주겠다는 사람들이

나타났다. _____ 마리는 돈을 받지 않고 연구

결과를 세상에 공개했다.

> '그리고'는 앞의 문장에 덧붙이는 내용이 이어질 때, '그러나'는 앞의 문장과 서로 반대되는 문장이 이어질 때, '그래서'는 두 문장이 원인과 결과의 관계일 때 써.

토픽 한 줄 정리

마리 퀴리에게 하고 싶은 말이 있니?

마리 퀴리 님! _____

_____

물질의 특성을 이용해 범죄 사건을 해결하는 과학 수사에
대해 알고 있니? 궁금하면 다음 장을 넘겨 봐! >>>>>

물질의 흔적을 이용한 과학 수사

책이나 영화, 뉴스에서 범죄 사건이 발생했을 때 경찰이 사건 현장 곳곳을 살피며 범인의 흔적을 찾는 모습을 본 적이 있나요?

범죄 사건을 조사할 때 여러 가지 과학 지식과 첨단 장비를 활용하는 것을 과학 수사라고 해요. 과학 수사에는 지문이나 핏자국 분석, 유전자 검사 등 다양한 방법이 있어요. 최근에는 흙이나 먼지, 유리 조각, 페인트, 옷에서 나온 실밥 등 아주 작은 증거물을 분석하는 과학 수사가 중요해지고 있어요. 범인들이 지문이나 머리카락 같은 증거를 남기지 않고 치밀하게 범죄를 저지르기 때문이에요.

흙이나 깨진 유리 조각, 페인트 등은 범인도 모르는 사이에 몸에 묻는 경우가 있어요. 그래서 이러한 물질을 분석하면 사건을 해결할 중요한 정보를 얻을 수 있어요.

실제로 2008년 숭례문 화재 사건의 범인은 아주 적은 양의 페인트 덕분에 잡을 수 있었어요. 당시 과학 수사 연구원은 숭례문에 불을 지른 것으로 의심이 되는 사람의 운동화를 현미경으로 관찰하던 중 희미한 붉은색 물질을 발견했어요. 여러 가지 실험을 통해 운동화의 붉은색 물질이 숭례문 기둥에 칠해진 페인트와 같은 것임을 밝혀냈어요. 숭례문 기둥에 칠해진 페인트는 일반 페인트와는 다르기 때문에 운동화에 묻은 페인트는 범인을 알아내는 확실한 증거가 되었지요.

범죄 사건을 해결하려면 범인이 누구인지 알아낼 증거를 찾는 것이 중요해요. 갈수록 치밀해지는 범죄에서 작은 증거물을 분석하는 과학 수사의 중요성은 더욱 커지고 있어요.

어휘 알기 색칠한 낱말과 초성을 보고 뜻풀이에 알맞은 낱말을 ___에 쓰세요.

| ㅈ | ㄱ | 어떤 사실을 증명할 수 있는 근거.

_____

| ㅇ | ㅈ | ㅈ | 자손에게 물려줄 유전의 내용을 담고 있는 성분.

_____

| ㅊ | ㅁ | ㅎ | ㄷ | 자세하고 꼼꼼하다.

_____

독해력 기르기

01 과학 수사가 무엇인지 바르게 설명한 것에 ○ 하세요.

(1) 범죄 사건을 조사할 때 주변 사람들을 찾아가 물어보는 것이다. (   )

(2) 범죄 사건을 조사할 때 과학 지식이나 첨단 장비를 활용하는 것이다.

(   )

02 이 글에서 중심적으로 다루고 있는 과학 수사 방법은 무엇인가요? (   )

① 지문 분석   ② 유전자 검사   ③ 핏자국 분석

④ 작은 증거물 분석   ⑤ 거짓말 탐지기 검사

03 작은 증거물을 분석하는 과학 수사가 중요해진 까닭에 ○ 하세요.

(1) 갈수록 범죄 사건이 줄어들고 있기 때문이다.   (   )

(2) 범인들이 일부러 사건 현장에 증거를 남기기 때문이다.   (   )

(3) 범인들이 지문 등의 증거를 남기지 않고 치밀하게 범죄를 저지르기 때문이다.

(   )

04 숭례문 화재 사건에 대한 내용으로 알맞으면 ○, 알맞지 않으면 ✕ 하세요.

(1) 2008년에 일어난 사건이다. ( )

(2) 누군가 숭례문에 불을 지른 사건이다. ( )

(3) 화재 현장에 남아 있던 발자국이 범인을 알아내는 확실한 증거가 되었다.

( )

05 이 글을 읽고 생각하거나 알게 된 점을 바르게 말한 친구에 ○ 하세요.

(1)
> 조상으로부터 물려받은 문화재를 보호하는 일이 왜 중요한지 잘 알게 되었어.

(2)
> 흙, 유리 조각, 페인트 등 아주 작은 물질을 분석해 범인을 잡을 수 있다는 것이 흥미로웠어.

06 이 글의 내용을 요약했어요. 빈칸에 들어갈 알맞은 말을 보기 에서 찾아 쓰세요.

보기

| 작은 | 과학 | 증거 |

범죄 사건을 조사할 때 과학적인 방법을 활용하는 것을 ①□□ 수사라고 한다. 최근에는 범인들이 지문 같은 ②□□를 남기지 않고 치밀하게 범죄를 저지르기 때문에 사건 현장에 남아 있는 흙, 유리 조각, 페인트 같은 아주 ③□□ 증거물을 과학적으로 분석하는 일이 중요해지고 있다.

① _____ ② _____ ③ _____

모양이 같은 말

밑줄 친 말의 뜻을 찾아 선으로 이으세요.

(1) 신발에 흙이 <u>묻다</u>. •

(2) 궁금한 것을 <u>묻다</u>. •

(3) 보물을 땅에 <u>묻다</u>. •

• (가) 물건을 흙이나 다른 물건 속에 넣어 보이지 않게 쌓아 덮다.

• (나) 가루, 풀, 물 등이 그보다 큰 다른 물체에 들러붙거나 흔적이 남게 되다.

• (다) 무엇을 알아내기 위해 상대편의 대답이나 설명을 요구하는 내용으로 말하다.

올바른 띄어쓰기

밑줄 친 부분을 바르게 띄어 써 보세요.

정보를 <u>얻을수</u> 있다. →

정	보	를								있	다	.

'찾을 수 있다'에서와 같이 '수'는 혼자서는 쓰일 수 없고, 다른 말의 꾸밈을 받아야 쓰일 수 있어. 이런 말은 앞말과 띄어 써야 해.

토픽 한 줄 정리

모든 물질은 저마다 특징이 있어. 물질을 한 가지 골라 특징을 써 봐!

☐ 나무   ☐ 금속   ☐ 흙   ☐ 유리   ☐ 가죽   ☐ 고무

이 물질의 특징은 _____

우리 생활을 바꾸어 줄 새로운 물질이 등장했어! 궁금하면 다음 장을 넘겨 봐! >>>>>

미래를 바꿀 새로운 물질이 온다

환경 오염을 해결할 바이오플라스틱

플라스틱은 가볍고 튼튼해 생활에 편리한 물질이지만 심각한 환경 오염을 불러왔다. 오랜 시간이 지나도 잘 썩지 않기 때문이다. 플라스틱으로 환경 오염 문제가 심각해지자 이를 해결할 방법으로 바이오플라스틱이 등장했다. 바이오플라스틱은 미생물의 몸 속에 있는 물질로 만들어져 일정한 시간이 지나면 자연에 있는 세균들에 의해 분해되어 '썩는 플라스틱'이라고도 불린다. 바이오플라스틱을 사용하게 되면 환경 오염을 줄일 수 있을 것으로 기대된다.

꿈의 물질, 그래핀

그래핀은 연필심의 재료인 흑연에서 얻을 수 있는 물질로, 강철보다 강하면서도 가볍고 투명하다. 또한 잘 휘어지고, 전기나 열을 매우 빠르게 전달한다. 특히 접거나 구부린 상태에서도 전기가 잘 통해서 몸에 착용하는 컴퓨터나 구부리거나 접을 수 있는 전자 제품을 만드는 데 쓰인다. 가까운 미래에는 손목에 차는 스마트폰, 종이처럼 돌돌 말아서 가지고 다닐 수 있는 컴퓨터나 텔레비전을 보게 될 것이다.

세상에서 가장 가벼운 고체, 에어로겔

에어로겔은 대부분이 공기로 이루어져 매우 가볍고, 열이나 물이 잘 통과할 수 없는 물질이다. 건물을 지을 때 쓰면 열이 빠져나가거나 들어오는 것을 막을 수 있고, 우주선을 만드는 재료로 쓰면 뜨거운 열로부터 우주선을 보호할 수 있다. 또 열에 강한 우주복과 소방복을 만들어 우주 비행사와 소방관을 안전하게 지킬 수 있다.

어휘 알기 색칠한 낱말과 초성을 보고 뜻풀이에 알맞은 낱말을 ___에 쓰세요.

| ㅌ | ㄱ | 어떤 곳이나 때를 거쳐서 지나감.

_____

| ㅂ | ㅎ | 여러 부분이 결합되어 이루어진 것을 낱낱으로 나눔.

_____

| ㅁ | ㅅ | ㅁ | 눈으로는 볼 수 없는 아주 작은 생물.

_____

독해력 기르기

01 이 글에 대한 설명으로 알맞은 것은 무엇인가요? (   )

① 플라스틱 사용을 줄이자고 주장하는 글이다.

② 과학 기술을 발전시키자고 주장하는 글이다.

③ 새로운 물질을 발견한 과학자를 소개한 글이다.

④ 스마트폰과 컴퓨터의 발달 과정을 알려 주는 글이다.

⑤ 우리 생활을 편리하게 해 줄 새로운 물질을 알려 주는 글이다.

02 바이오플라스틱에 대한 설명을 보고, 알맞은 말에 ○ 하세요.

> 일정한 시간이 지나면 (썩어서 , 썩지 않아서) 환경 오염을 줄일 수 있다.

03 그래핀의 특징으로 알맞으면 ○, 알맞지 않으면 ✕ 하세요.

(1) 가볍고 투명하다.   (   )

(2) 전기나 열을 매우 빠르게 전달한다. (   )

(3) 굳고 단단해서 잘 휘어지지 않는다. (   )

04 에어로겔이 매우 가벼운 까닭은 무엇인지 빈칸에 알맞은 말을 쓰세요.

대부분이 ☐☐ 로 이루어져 있다.

05 이 글을 읽고 생각한 점을 바르게 말한 친구에 ○ 하세요.

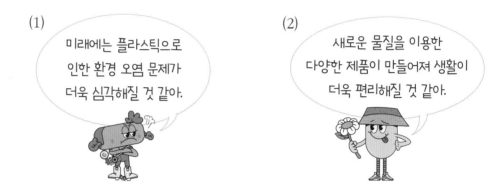

(1)
미래에는 플라스틱으로 인한 환경 오염 문제가 더욱 심각해질 것 같아.

(2)
새로운 물질을 이용한 다양한 제품이 만들어져 생활이 더욱 편리해질 것 같아.

06 이 글의 내용을 요약했어요. 빈칸에 들어갈 알맞은 말을 쓰세요.

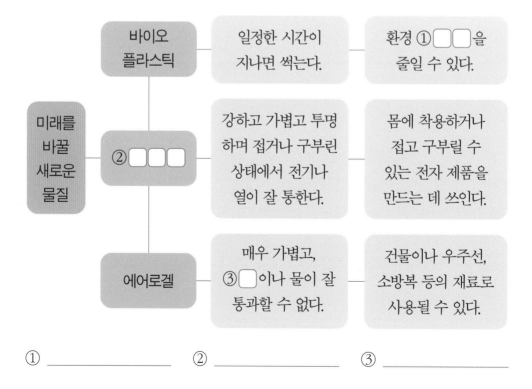

바이오 플라스틱 — 일정한 시간이 지나면 썩는다. — 환경 ①☐☐을 줄일 수 있다.

미래를 바꿀 새로운 물질

②☐☐☐ — 강하고 가볍고 투명하며 접거나 구부린 상태에서 전기나 열이 잘 통한다. — 몸에 착용하거나 접고 구부릴 수 있는 전자 제품을 만드는 데 쓰인다.

에어로겔 — 매우 가볍고, ③☐이나 물이 잘 통과할 수 없다. — 건물이나 우주선, 소방복 등의 재료로 사용될 수 있다.

① _____   ② _____   ③ _____

포함하는 말

글자를 이용해 다른 말을 포함하는 말을 만들어 쓰세요.

| 전 | 물 | 품 | 제 | 자 | 질 |

(1) ☐☐

물   공기   플라스틱   그래핀

(2) ☐☐☐☐

컴퓨터   스마트폰   텔레비전

 헷갈리는 말

알맞은 말에 ○ 하세요.

짓다
재료를 써서 무엇을 만들다.

VS

짖다
시끄럽고 크게 소리를 내다.

'짓다'와 '짖다'는 발음은 같지만 뜻이 다른 말이야.

(1) 개가 (짓는 , 짖는) 소리에 잠에서 깼다.

(2) 에어로겔은 집을 (짓는 , 짖는) 재료로 사용될 수 있다.

토픽 한 줄 정리

새로운 물질을 이용해 무엇을 만들면 좋을까?

☐ 그래핀   ☐ 에어로겔   ☐ 바이오플라스틱

_____ 을(를) 만들었으면 좋겠어.

1일 약속을 지킨 최생   11-13쪽

어휘 알기

과거, 헐값, 풍년

독해력 기르기

01 (3) ○

02 (3) ○

03 (1)-(나) (2)-(가)

04 (2) ○

05 ① 부자 ② 풍년 ③ 재산

어휘력 더하기

단위를 나타내는 말 (1) 마지기 (2) 마리 (3) 채

낱말의 기본형 (1) 갚다 (2) 믿다

| 독해력 기르기 |

01 최생은 과거에 떨어진 후 벼슬에 나가지 않기로 결심하고 고향으로 돌아간 후 열심히 일해 부자가 되겠다는 목표를 세웠습니다.

02 최생은 노비들에게 자신을 믿고 십 년만 하자는 대로 따라 주면 십 년 뒤 백 냥씩을 주겠다고 약속했습니다.

03 흉년이 들어 곡식값이 치솟자 노비들은 쌀을 비싸게 팔면 최생이 더 빨리 부자가 될 수 있다고 생각했습니다. 하지만 최생은 빨리 부자가 되는 것보다 흉년이 들어 굶어 죽어 가는 마을 사람들을 돕는 것이 더 중요하다고 생각했습니다.

04 최생은 돈을 많이 벌 수 있는 기회를 버리고 어려움에 처한 이웃을 도와주었습니다. 이와 비슷한 인물로는 흉년이 들어 굶주리는 제주도 백성을 위해 재산을 내놓은 김만덕이 알맞습니다.

05 인물이 한 일을 중심으로 글의 내용을 요약해 봅니다.

| 어휘력 더하기 |

단위를 나타내는 말 (1) 논을 세는 단위는 '마지기', (2) 소를 세는 단위는 '마리', (3) 초가집을 세는 단위는 '채'가 알맞습니다.

낱말의 기본형 기본형은 형태가 바뀌지 않는 부분에 '-다'를 붙여 만듭니다. (1) '갚고, 갚아서, 갚으면'에서 형태가 바뀌지 않는 부분은 '갚'이고 여기에 '-다'를 붙이면 '갚다'가 기본형이 됩니다. (2) '믿고, 믿으니, 믿어서'에서 형태가 바뀌지 않는 부분은 '믿'이고 여기에 '-다'를 붙이면 '믿다'가 기본형이 됩니다.

2일 함께 지켜야 할 약속, 규칙   15-17쪽

어휘 알기

법칙, 자원, 보행자

독해력 기르기

01 (2) ○

02 (1) 사실 (2) 사실 (3) 의견

03 (1) ○ (2) × (3) ○ (4) ○

04 (1) ○

05 ① 규칙 ② 안전

어휘력 더하기

낱말의 반대말 위험, 어기다

올바른 표기 (1) 쓰레기 (2) 함께 (3) 세상

| 독해력 기르기 |

01 이 글에서 글쓴이는 규칙을 잘 지켜야 한다고 주장하고 있습니다.

02 (1), (2)는 규칙과 관련한 사실을 말하는 문장이고 (3)은 규칙에 대한 글쓴이의 생각이 담긴 문장으로 의견에 해당합니다.

03 이 글에서 글쓴이는 규칙을 잘 지켜야 하는 까닭으로 규칙을 잘 지키면 모두가 즐겁고 안전하게 생활할 수 있고, 더 나은 세상을 만들 수 있다는 점을 제시했습니다. (2) 규칙을 잘 지키면 칭찬을 많이 들을 수 있다는 내용은 알맞지 않습니다.

04 규칙을 잘 지키자는 글쓴이의 의견을 생활 속에서 바르게 실천한 예로는 (1) 횡단보도를 건널 때 자전거에서 내려 자전거를 끌고 갔다는 내용이 알맞습니다. (2) 친구들과 축구를 할 때 손으로 공을 막은 것이나 (3) 캠핑을 가서 쓰레기를 계곡에 버리고 온 것은 규칙을 지키지 않은 행동입니다.

05 글쓴이의 주장과 그러한 주장을 펼친 까닭인 근거에 따라 글의 내용을 요약해 봅니다.

| 어휘력 더하기 |

낱말의 반대말 '안전'의 반대말은 '위험', '지키다'의 반대말은 '어기다'가 알맞습니다.

올바른 표기 모음 'ㅔ'를 'ㅐ'로 잘못 쓰는 경우가 많은데 '쓰레기'를 '쓰래기'로 쓰지 않도록 합니다. '함께'나 '세상'도 '함깨', '새상'이라고 쓰지 않도록 주의합니다.

어휘 알기

세금, 수출, 수입

독해력 기르기

01 조약 02 (1)○ (2)○ (3)○ (4)×
03 은서 04 (2)○
05 가운데-나, 다, 라 끝-마
06 ① 나라 ② 무역 ③ 위험

어휘력 더하기

뜻을 더하는 말 (불)가능, (불)만족
말의 순서 (1) 나라 사이의 조약은 잘 지켜야 한다. (2) 무역은 나라와 나라가 물건을 사고파는 것이다.

| 독해력 기르기 |

01 이 글은 조약에 대해 알려 주는 글입니다.

02 이 글에는 조약의 뜻과 대표적인 조약의 예가 나타나 있습니다. 또 조약을 어기면 불이익을 당하거나 나라 사이에 믿음이 깨질 수 있다는 내용에 조약을 지켜야 하는 까닭이 나타나 있습니다. (4) 우리나라가 다른 나라와 처음 맺은 조약에 관한 내용은 나타나 있지 않습니다.

03 조약은 지키면 좋지만 지키지 않아도 문제가 되지 않는다는 은서의 말은 알맞지 않습니다. 조약은 나라와 나라 사이의 약속이니만큼 큰 책임감을 갖고 잘 지켜야 합니다.

04 무역과 관련된 조약을 맺을 때에는 어떤 물건을 수출하거나 수입할 수 있는지, 그 양은 어느 정도인지 등을 정한다고 했습니다. (1)은 세계적인 문제를 해결하기 위한 조약, (3)은 나라가 위험에 처했을 때를 대비해 맺는 조약에 대한 내용입니다.

05 이 글은 처음-가 / 가운데-나, 다, 라 / 끝-마로 나눌 수 있습니다.

06 조약의 뜻과 대표적인 조약의 예를 중심으로 글의 내용을 요약해 봅니다.

| 어휘력 더하기 |

뜻을 더하는 말 '가능'에 '불-'이 붙은 '불가능'은 할 수 없거나 될 수 없음을 뜻합니다. '만족'에 '불-'이 붙은 '불만족'은 마음에 차지 않아 못마땅함을 뜻합니다.

말의 순서 주어진 말의 순서를 바로잡아 올바른 문장을 써 봅니다.

어휘 알기

방, 시장, 홀리다

독해력 기르기

01 (2)○
02 (1)○ (2)○ (3)×
03 (2)○ 04 (1)○ (2)○
05 하랑
06 ① 쥐 ② 피리 ③ 동굴

어휘력 더하기

모양이 같은 말 (1) 시장 (2) 방
어울려 쓰는 말 (1)○ (2)○

| 독해력 기르기 |

01 하멜른 시민들은 쥐가 너무 많아서 골치가 아팠습니다.

02 (3) 낯선 사나이가 찾아와 피리를 불어 쥐를 없애 주었습니다.

03 약속한 돈을 받지 못한 사나이는 피리 소리로 아이들을 꾀어 동굴로 사라졌습니다.

04 글의 마지막 장면에서 아이들은 사나이의 피리 소리에 홀려 동굴로 사라졌습니다. 그 뒤에 이어질 장면으로 (3) 사람들과 시장은 사나이에게 돈을 주지 않은 것을 다행이라고 생각했다는 내용은 어울리지 않습니다. 약속을 어기고 사나이에게 돈을 주지 않은 것을 크게 후회했을 것으로 짐작할 수 있습니다.

05 이 글은 약속을 어겨 아이들이 사라지는 불행을 겪은 하멜른 사람들의 이야기를 통해 약속은 반드시 지켜야 한다는 것을 일깨워 줍니다.

06 일이 일어난 차례에 따라 글의 내용을 요약해 봅니다.

| 어휘력 더하기 |

모양이 같은 말 낱말 중에는 모양은 같지만 뜻이 전혀 다른 말이 있습니다. (1) 왼쪽은 도시를 맡아 다스리는 사람인 '시장', 오른쪽은 물건을 파는 '시장'을 뜻합니다. (2) 왼쪽은 어떤 일을 널리 알리기 위해 사람들이 많이 모이는 곳에 써 붙이는 글인 '방', 오른쪽은 사람들이 생활하는 공간인 '방'을 뜻합니다.

어울려 쓰는 말 (3) '단풍이 든 나무를 보니 마치 나무가 새 옷을 갈아입었다.'는 '단풍이 든 나무를 보니 마치 나무가 새 옷을 갈아입은 것 같았다.'로 쓰는 것이 알맞습니다.

5일 약속된 그림 문자, 픽토그램
27-29쪽

어휘 알기

단순, 사물, 개최지

독해력 기르기

01 ㉣   02 (2) ○
03 (1) ○ (2) ○ (3) ×
04 (1)-㈐ (2)-㈎ (3)-㈏
05 (1) ○
06 ① 픽토그램 ② 시설 ③ 올림픽

어휘력 더하기

뜻이 비슷한 말 (1)-㈏ (2)-㈐ (3)-㈎
헷갈리는 말 (1) 어떡해 (2) 어떻게

| 독해력 기르기 |

01 이 글은 픽토그램이 무엇이고, 생활 속에서 어떻게 쓰이고 있는지에 대해 설명하고 있습니다.

02 (1) 픽토그램은 사물이나 시설, 행동 등을 누구나 쉽게 알아볼 수 있도록 상징적인 그림으로 나타낸 것입니다.

03 (3) 규칙이나 주의할 점을 알려 주는 픽토그램에서 노랑은 주의 및 경고를 뜻합니다. 안전을 뜻하는 것은 초록입니다.

04 (1)은 긴급한 상황에서 몸을 피하는 곳인 비상 대피소를 나타냅니다. (2)는 머리 위를 주의하라는 뜻입니다. (3)은 음식물을 먹을 수 없음, 음식물을 가지고 들어갈 수 없음을 뜻합니다.

05 이 글에서는 픽토그램에 대한 이해를 돕기 위해 픽토그램의 예를 그림으로 보여 주고 있습니다. 따라서 (2) 픽토그램의 예를 그림이나 사진으로 보여 주지 않아서 아쉽다는 내용은 알맞지 않습니다.

06 픽토그램의 뜻과 쓰임에 따라 글의 내용을 요약해 봅니다.

| 어휘력 더하기 |

뜻이 비슷한 말 (1) '쓰인다'는 '활용된다(충분히 잘 이용된다.)'와, (2) '열린다'는 '개최된다(행사나 모임 등이 열린다.)'와 뜻이 비슷합니다. (3) '나타낸다'는 '표현한다(생각이나 느낌 등을 언어나 몸짓 등으로 드러내어 나타낸다.)'와 뜻이 비슷합니다.

헷갈리는 말 (1) '어떻게 해'가 줄어든 '어떡해'가 들어가야 알맞습니다. (2) '어떠하다'가 줄어든 '어떻다'에 '-게'가 붙은 '어떻게'가 들어가야 알맞습니다.

1일 피노키오의 거짓말
33-35쪽

어휘 알기

보살피다, 옴짝달싹, 들통나다

독해력 기르기

01 피노키오
02 ②   03 ④
04 승빈
05 (3) ○
06 ① 피노키오 ② 거짓말 ③ 딱따구리

어휘력 더하기

뜻이 비슷한 말 질문(하다), 창피(하다), 길어지다
어울려 쓰는 말 (1) ○ (2) ○ (3) × (4) ○

| 독해력 기르기 |

01 이 글은 피노키오에게 일어난 일을 중심으로 이야기가 펼쳐지므로, 중심인물은 피노키오입니다.

02 피노키오는 도둑들에게 붙잡혀 나무에 매달리게 되었지만, 금화를 빼앗기지는 않았습니다.

03 피노키오는 파란 머리 요정에게 거짓말을 들켰을 때, 부끄러워 도망치고 싶어 했습니다.

04 파란 머리 요정은 피노키오가 자신의 잘못을 반성하는 모습을 보이자 코를 원래대로 되돌려 줍니다. 이를 통해 파란 머리 요정이 피노키오의 거짓말하는 버릇을 고쳐 주려 했다는 것을 짐작할 수 있습니다.

05 이 글은 피노키오가 거짓말을 하고, 반성하는 내용을 중심으로 전개됩니다. 그러므로 (3)의 내용이 알맞습니다.

06 일이 일어난 차례에 따라 글의 내용을 요약해 봅니다.

| 어휘력 더하기 |

뜻이 비슷한 말 '물어보다'와 '질문하다'는 알고자 하는 바를 얻기 위해 묻다는 뜻이 있습니다. '부끄럽다'와 '창피하다'는 실수나 잘못을 저질러 떳떳하지 못하다는 뜻이 있고, '늘어나다'와 '길어지다'는 길이가 더 길게 된다는 뜻이 있습니다.

어울려 쓰는 말 '옴짝달싹'은 부정을 뜻하는 말과 어울려 쓰입니다. 그러므로 문장에 부정어를 함께 썼는지 살펴봅니다.

2일 거짓말을 찾아라! 거짓말 탐지기

37-39쪽

어휘 알기

뇌파, 원리, 측정

독해력 기르기

01 거짓말

02 (1) ○ (2) × (3) ○ (4) ○

03 ③　　04 (1) ○

05 준환

06 ① 몸 ② 뇌파

어휘력 더하기

범(犯)이 들어간 낱말 범(죄), 범(인), (공)범

뜻이 여러 개인 말 (1) ③ (2) ① (3) ②

| **독해력 기르기** |

01 이 글은 거짓말 탐지기로 거짓말을 밝혀내는 원리를 설명하는 글입니다.

02 거짓말을 완벽하게 밝혀내는 기술은 아직 개발되지 않았습니다.

03 이 글에서 거짓말할 때의 몸의 변화로 눈이 아픈 것은 언급하지 않았습니다.

04 거짓말 탐지기의 검사 방법이 간단하지 않으므로 (2)의 내용은 알맞지 않습니다.

05 거짓말 탐지기는 과학적으로 거짓말을 밝혀내지만 완벽하지는 않다고 했습니다. 그러므로 거짓말 탐지기의 결과를 완전히 믿기보다는 틀릴 수도 있다는 생각으로 신중하게 사용해야 합니다.

06 거짓말 탐지기의 종류에 따라 글의 내용을 요약해 봅니다.

| **어휘력 더하기** |

범(犯)이 들어간 낱말 '범할 범(犯)' 자는 법을 어긴다는 뜻을 가지고 있습니다. 법을 어기거나 죄를 지은 일과 관련된 낱말에 '범할 범(犯)' 자를 사용합니다.

뜻이 여러 개인 말 두 가지 이상의 뜻을 가진 낱말을 '다의어'라고 합니다. 하나의 낱말에 여러 가지 뜻이 있으므로, 그 뜻을 정확히 알고 사용해야 합니다. (1)은 알려지지 않은 사실을 드러낸다는 뜻으로 쓰였고, (2)는 어두운 곳을 밝게 한다는 뜻으로 쓰였고, (3)은 잠을 자지 않고 지낸다는 뜻으로 쓰였습니다.

3일 알고 보면 놀라운 동물의 속임수

41-43쪽

어휘 알기

천적, 독차지, 약육강식

독해력 기르기

01 동물, 속임수

02 ③　　03 (1) ○

04 (1)-(나) (2)-(가)

05 ④

06 ① 천적 ② 새끼 ③ 먹이

어휘력 더하기

낱말의 반대말 작다-크다, 쉽다-어렵다, 멀다-가깝다

헷갈리는 말 (1) 가르쳐 (2) 가리켰다 (3) 가리키고

| **독해력 기르기** |

01 이 글은 동물들이 속임수를 쓰는 이유에 대해 설명한 글이므로, 가장 중요한 낱말은 '동물'과 '속임수'입니다.

02 ③의 거짓말이 나쁜 이유는 이 글에서 설명하지 않았습니다.

03 침팬지가 다른 침팬지들에게 바나나가 있는 곳을 거짓으로 알려 준 이유는 먹이를 빼앗기고 싶지 않았기 때문입니다.

04 어미 물떼새는 다친 척을 해서 여우를 둥지에서 먼 곳으로 유인하고, 버지니아주머니쥐는 죽은 척을 해서 천적으로부터 목숨을 구합니다.

05 동물들은 먹고 먹히는 약육강식의 세계에서 살아남기 위한 방법으로 속임수를 씁니다.

06 동물들이 속임수를 쓰는 이유와 방법을 중심으로 글의 내용을 요약해 봅니다.

| **어휘력 더하기** |

낱말의 반대말 반대말은 서로 뜻이 반대되는 의미를 가진 단어입니다. '작다'와 '크다', '쉽다'와 '어렵다', '멀다'와 '가깝다'는 뜻이 반대되는 낱말입니다.

헷갈리는 말 (1)은 지식을 알려 준다는 뜻이므로 '가르쳐'로 쓰고, (2)와 (3)은 어떤 것을 집어서 보이거나 말하거나 알린다는 뜻이므로 각각 '가리켰다', '가리키고'로 씁니다.

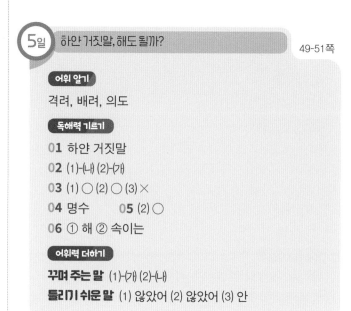

4일 토끼전
45-47쪽

어휘 알기

탐, 벼슬, 미련하다

독해력 기르기

01 ㉰ 02 ④

03 (1) ○ (2) × (3) ○

04 ④

05 ①, ⑤

06 ① 용궁 ② 간 ③ 육지

어휘력 더하기

한자 성어 자신(만만), 부귀(영화)

헷갈리는 말 (1) 낫다 (2) 낫게 (3) 낳았다

5일 하얀 거짓말, 해도 될까?
49-51쪽

어휘 알기

격려, 배려, 의도

독해력 기르기

01 하얀 거짓말

02 (1)-㉯ (2)-㉮

03 (1) ○ (2) ○ (3) ×

04 명수 05 (2) ○

06 ① 해 ② 속이는

어휘력 더하기

꾸며 주는 말 (1)-㉮ (2)-㉯

틀리기 쉬운 말 (1) 않았어 (2) 않았어 (3) 안

| 독해력 기르기 |

01 이야기에서 배경은 사건이 일어나는 시간이나 장소를 뜻합니다. 이 글은 토끼가 용궁에 가서 겪는 일들을 중심으로 이야기가 전개되므로, '용궁'이 배경입니다.

02 '눈앞이 캄캄하다'는 '어찌할 바를 몰라 아득하다.'라는 뜻으로 쓰이는 말입니다. 토끼는 자라의 거짓말에 속아 자신의 간을 꺼내 줘야 할 상황을 눈앞이 캄캄하다라는 말로 표현했습니다.

03 자라는 용왕의 신하로, 충성심이 깊습니다. 용왕의 병을 낫게 하기 위해 토끼를 데려오지만 토끼의 속임수에 빠질 만큼 어리석은 인물입니다.

04 토끼는 용왕에게 간을 육지에 놓고 왔다고 꾀를 내어 말하여 목숨을 구합니다.

05 ①은 어려운 상황에 부딪히더라도 벗어날 길은 분명히 있다는 뜻이고, ⑤는 정신만 차리면 위기에서 벗어날 수 있다는 뜻입니다.

06 토끼가 겪은 일을 중심으로 글의 내용을 요약해 봅니다.

| 어휘력 더하기 |

한자 성어 자신 있음을 나타내는 한자 성어는 '자신만만'이고, 재산이 많고, 지위가 높아서 호화롭게 사는 것을 나타내는 한자 성어는 '부귀영화'입니다.

헷갈리는 말 (1)과 (2)는 병이 고쳐져 원래대로 된다는 뜻이므로 '낫다와 '낫게'로 각각 쓰고, (3)은 새끼를 태어나게 한다는 뜻이므로 '낳았다'로 씁니다.

| 독해력 기르기 |

01 토론 주제는 토론에서 논의하고자 하는 문제로, '논제'라고 합니다. 이 글의 토론 주제는 '하얀 거짓말을 해도 될까?'입니다.

02 '민서'는 하얀 거짓말을 해도 된다는 찬성의 입장이고, '예준'은 하얀 거짓말을 하면 안 된다는 반대의 입장입니다.

03 민서는 '하얀 거짓말을 하면 사람들에게 인기를 얻는다.'라는 근거는 들지 않았습니다.

04 하얀 거짓말은 좋은 의도에서 하는 거짓말입니다. 따라서 자신의 이익을 위해 거짓말을 하거나 남을 속이는 데서 기쁨을 얻는다는 경석과 혜련의 말은 하얀 거짓말을 바르게 이해하지 못하고 한 말입니다.

05 (1)은 친구에게 솔직하게 말한 상황이고, (2)는 친구에게 하얀 거짓말을 한 상황입니다.

06 논제에 대한 찬성과 반대의 입장을 중심으로 글의 내용을 요약해 봅니다.

| 어휘력 더하기 |

꾸며 주는 말 꾸며 주는 말은 문장에서 없어도 의미가 통하지만, 꾸며 주는 말이 들어가면 문장의 뜻을 더 자세하고 정확하게 해 줍니다.

틀리기 쉬운 말 (1)과 (2)는 '-지 않다'로 쓰여서 앞말이 뜻하는 행동을 부정하는 뜻을 나타내므로 '않다'의 활용형인 '않았어'가 알맞습니다. (3)은 '아니'의 뜻으로 쓰였고, 뒤에 오는 말을 부정하는 뜻을 나타내므로 '안'이 알맞습니다.

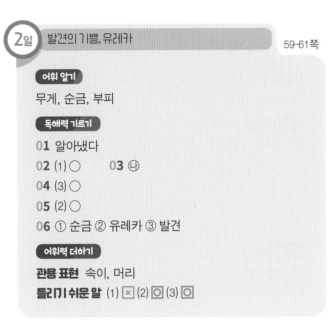

1일 보물 찾는 아이들   55-57쪽

어휘 알기

법석, 구덩이, 몰락하다

독해력 기르기

01 (1) ○   02 (1)-(내) (2)-(개)

03 ④   04 ①, ②

05 (2) ○

06 ① 보물 ② 앨버트 ③ 동전

어휘력 더하기

문장 부호 학교에 가다 `.`, 점심 먹었니 `?`,
정말 아름답구나 `!`

틀리기 쉬운 말 (1) 웃어른 (2) 윗부분

2일 발견의 기쁨, 유레카   59-61쪽

어휘 알기

무게, 순금, 부피

독해력 기르기

01 알아냈다

02 (1) ○   03 ㉡

04 (3) ○

05 (2) ○

06 ① 순금 ② 유레카 ③ 발견

어휘력 더하기

관용 표현 속이, 머리

틀리기 쉬운 말 (1) ☒ (2) ◻ (3) ◻

| **독해력 기르기** |

01 아이들은 아빠의 사업이 힘들어지자 보물을 찾아서 집안을 일으키고 싶어 합니다.

02 아이들은 값어치가 있는 보물을 찾고 싶어 했으므로 지렁이와 돌멩이를 발견했을 때는 실망스러웠을 것이고, 동전 두 개를 발견했을 때는 놀라고 기뻤을 것입니다.

03 앨버트는 겁을 내면서 구덩이에 들어가기 싫어했고, 다친 곳이 없는데도 소리치며 법석을 떤 것으로 보아 겁이 많고 호들갑스러운 성격이라는 것을 짐작할 수 있습니다.

04 아이들은 보물을 찾아 경제적으로 어려워진 집안을 돕고 싶어 했습니다. 그리고 자신들은 발견하지 못한 동전 두 개를 앨버트 삼촌이 발견했기 때문에 보물을 잘 찾는다고 생각합니다.

05 아이들이 보물을 찾으려고 집 안을 어지른 것은 아니므로 (1)은 이야기의 내용을 잘못 이해하고 말한 감상입니다.

06 아이들에게 있었던 사건을 중심으로 글의 내용을 요약해 봅니다.

| **어휘력 더하기** |

문장 부호 문장 부호는 문장에 쓰이는 여러 가지 부호로, 문장의 뜻을 돕거나 문장을 구별하여 글을 이해하기 쉽게 해 줍니다. 마침표는 설명하는 문장의 끝, 물음표는 묻는 문장의 끝, 느낌표는 느낌을 나타내는 문장의 끝에 사용합니다.

틀리기 쉬운 말 (1)의 어른은 위와 아래의 구분이 없으므로 '웃어른'으로 쓰고, (2)의 동굴은 위와 아래의 구분이 있으므로 '윗부분'으로 씁니다.

| **독해력 기르기** |

01 '유레카'는 이 글의 중심 낱말입니다. 중심 낱말의 정확한 뜻을 알고 글을 읽으면, 글의 내용을 더 잘 파악할 수 있습니다.

02 왕은 아르키메데스에게 왕관을 순금으로 만들었는지 알아내라는 명령을 내립니다.

03 아르키메데스는 물이 가득 찬 욕조에 들어갔다가 물이 흘러넘치는 것을 보고, 물체를 물에 넣으면 부피만큼 물이 넘친다는 사실을 발견합니다.

04 이 글에서는 유레카의 유래를 통해서 사람들이 발견의 순간에 유레카라는 말을 왜 쓰는지 알려 주고 있습니다.

05 (1)은 꼬박꼬박 일 년 동안 모은 돈을 은행에서 찾아서 기쁜 상황입니다. 새로운 발견이나 깨달음을 얻어서 기쁘거나 만족함을 느끼는 상황이 아닙니다.

06 유레카의 뜻과 유래를 중심으로 글의 내용을 요약해 봅니다.

| **어휘력 더하기** |

관용 표현 관용 표현은 두 개 이상의 단어들이 결합하여 오랫동안 사용되면서 특별한 뜻을 지니게 된 표현입니다. 관용 표현을 사용하면 짧은 말로 자신의 생각을 효과적으로 표현할 수 있습니다.

틀리기 쉬운 말 '몇 일'은 틀린 말입니다. 그러므로 (1)은 알맞지 않은 문장이고, (2)와 (3)은 알맞은 문장입니다.

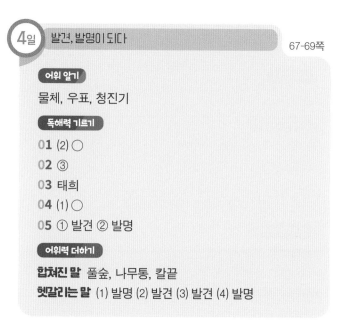

3일 숫자 0의 발견
63-65쪽

어휘 알기

기호, 역사, 자릿수

독해력 기르기

01 숫자 0
02 (1)× (2)○ (3)○
03 (1)○   04 ㉮
05 (2)○
06 ① 기호 ② 숫자

어휘력 더하기

뜻이 비슷한 말 간편하다, 굉장한, 조사하였다, 셈
준말 (1) 됐다 (2) 돼서 (3) 됐다 (4) 돼서

| 독해력 기르기 |

01 이 글은 숫자 0의 발견을 중심으로 쓴 일기이므로, 글감은 '숫자 0의 발견'입니다.

02 처음에 인도 숫자는 1부터 9까지 모두 아홉 개였습니다.

03 숫자 0의 발견으로 덧셈, 뺄셈은 물론 곱셈, 나눗셈 같은 계산도 자릿수에 맞춰 계산할 수 있어 복잡한 셈도 편리하게 계산할 수 있게 되었습니다.

04 남은 돈 0원의 '숫자 0'은 용돈을 다 쓰고 남은 돈이 없다는 뜻입니다. 그러므로 '숫자 0'은 '없음'을 나타내는 숫자입니다.

05 이 글은 숫자 0의 발견에 대해 조사한 내용을 정리한 수학 일기입니다. 수학 일기의 마지막에는 궁금하거나 더 알아보고 싶은 내용을 적어 앞으로 무엇을 더 공부할지 계획을 세웁니다.

06 숫자 0이 발견된 과정을 중심으로 글의 내용을 요약해 봅니다.

| 어휘력 더하기 |

뜻이 비슷한 말 뜻이 비슷한 말끼리는 문장에서 서로 바꿔 써도 뜻이 통합니다. 각 낱말의 뜻을 생각하면서 서로 바꾸어 써도 문장의 의미가 달라지지 않는 낱말을 찾아봅니다.

준말 단어의 일부가 줄어서 된 말을 준말이라고 하고, 줄이기 전의 말을 본말이라고 합니다. '되다'는 '되' 뒤에 '-어서, -어라, -었다'와 같은 말이 붙을 때 '돼서, 돼라, 됐다'와 같이 준말을 쓰기도 합니다.

4일 발견, 발명이 되다
67-69쪽

어휘 알기

물체, 우표, 청진기

독해력 기르기

01 (2)○
02 ③
03 태희
04 (1)○
05 ① 발견 ② 발명

어휘력 더하기

합쳐진 말 풀숲, 나무통, 칼끝
헷갈리는 말 (1) 발명 (2) 발견 (3) 발견 (4) 발명

| 독해력 기르기 |

01 ㉠은 우연한 발견에서 얻은 아이디어를 바탕으로 사람들에게 도움이 되는 훌륭한 발명을 할 수도 있다는 뜻입니다.

02 라에네크는 처음에는 종이를 말아 사용하다가, 빈 나무통으로 청진기를 만들었습니다. 현재는 양쪽 귀에 끼울 수 있도록 두 개로 갈라진 튜브로 구성된 모양의 청진기를 사용하고 있습니다.

03 이 글에 나온 라에네크와 오모는 생활 속에서 발견한 작은 아이디어를 바탕으로 청진기와 커터 칼을 발명하여 평소 불편하게 생각했던 점을 개선한 발명가들입니다.

04 라이트 형제는 새가 날개를 틀어 날아가는 모습을 우연히 발견하고, 이 모습에서 힌트를 얻어 비행기의 방향 조절 장치를 발명했습니다. 그러므로 발견을 바탕으로 발명을 한 경우는 (1)이 알맞습니다.

05 청진기와 커터 칼의 발명 과정을 중심으로 글의 내용을 요약해 봅니다.

| 어휘력 더하기 |

합쳐진 말 합쳐진 말은 '합성어'라고 부르며, 합성어가 되면서 새로운 뜻이 추가되거나 아예 그 뜻이 바뀌기도 합니다.

헷갈리는 말 발명과 발견의 뜻을 구분해 보는 문제입니다. (1)과 (4)는 없던 물건을 새로 만들었다는 뜻이므로 '발명'을, (2)와 (3)은 이미 있는 것을 찾아냈다는 뜻이므로 '발견'을 써야 합니다.

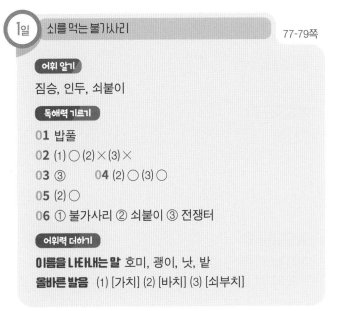

5일 역사를 발견한 고고학자 손보기   71~73쪽

어휘 알기

설득, 연장, 고고학자

독해력 기르기

01 손보기   **02** (2) ○

03 (3) ○   **04** (1) ○

05 (2) ○

06 ① 일본 ② 뗀석기 ③ 구석기

어휘력 더하기

낱말 퍼즐 유 | 물   발 | 굴
                적   견

모양이 같은 말 (1)-(나) (2)-(가)

| **독해력 기르기** |

01 이 글은 고고학자 손보기가 구석기 시대 유물과 유적을 발견한 과정을 소개한 인물 이야기입니다.

02 뗀석기는 돌을 깨뜨려 만든 구석기 시대의 생활 도구입니다. (1)은 빗살무늬 토기로 신석기 시대에 사용한 유물입니다. (3)은 막새기와로 발해 때 사용한 유물입니다.

03 손보기는 충청남도 공주 석장리에서 구석기 시대의 유물을 발굴하여 우리나라에 구석기 시대가 있었다는 것을 밝혔습니다.

04 손보기는 우리나라에 구석기 시대가 없었다는 일본 학자들의 주장을 바로잡아 우리 역사를 수십만 년 전으로 앞당기게 해 주었습니다. 손보기의 노력으로 우리가 제대로 된 역사를 배울 수 있게 되었습니다.

05 손보기 박사가 충청남도 공주 석장리에서 구석기 시대의 유물을 발굴하였다는 내용의 신문 기사이므로, (2)의 제목이 알맞습니다.

06 손보기가 한 일과 업적을 중심으로 글의 내용을 요약해 봅니다.

| **어휘력 더하기** |

낱말 퍼즐 비슷해 보이는 낱말의 뜻을 구분해 보는 문제입니다. 낱말 퍼즐을 풀면서 유물과 유적의 차이, 발굴과 발견의 차이를 이해해 봅니다.

모양이 같은 말 글자의 모양은 같지만 뜻이 다른 낱말을 '동형어'라고 합니다. (1)의 '뛰다'는 발을 움직여 나아간다는 뜻이고, (2)의 '뛰다'는 심장이 움직인다는 뜻입니다.

1일 쇠를 먹는 불가사리   77~79쪽

어휘 알기

짐승, 인두, 쇠붙이

독해력 기르기

01 밥풀

02 (1) ○ (2) × (3) ×

03 ③   **04** (2) ○ (3) ○

05 (2) ○

06 ① 불가사리 ② 쇠붙이 ③ 전쟁터

어휘력 더하기

이름을 나타내는 말 호미, 괭이, 낫, 밭

올바른 발음 (1) [가치] (2) [바치] (3) [쇠부치]

| **독해력 기르기** |

01 아주머니는 밥풀을 뭉쳐 불가사리를 만들었습니다.

02 (2) 불가사리가 집 안에 있는 쇠붙이를 모두 먹어 치워서 아주머니는 밭일도, 밥도 할 수 없었습니다. (3) 불가사리가 마을로 내려가 쇠붙이를 먹어 치우자 마을 사람들은 화가 났습니다.

03 불가사리가 쇠붙이를 모조리 먹어 치우고, 아주머니가 불가사리에게 줄 것이 없다고 한 것을 통해 전쟁터에 가면 쇠붙이가 많으니 그곳으로 떠나라고 한 것을 짐작할 수 있습니다.

04 불가사리가 먹어 치우는 쇠로 된 물건(바늘, 칼, 가위, 인두, 호미, 가마솥, 낫, 괭이, 도끼 등)을 통해 옛날에는 쇠(철)로 생활에 필요한 도구를 만들어 썼다는 것을 알 수 있습니다. 또한 농부와 나무꾼을 통해 옛날 사람들은 농사를 짓거나 산에서 나무를 하며 살아가기도 했다는 것을 알 수 있습니다.

05 이어질 내용을 짐작할 때는 앞부분의 내용과 어울리도록 해야 합니다. 아주머니가 불가사리를 전쟁터로 보낸 장면에 이어질 내용으로는 (2) 전쟁터로 간 불가사리가 쇠로 된 무기를 먹어 치워 전쟁을 끝냈을 것이라고 짐작한 내용이 어울립니다.

06 일이 일어난 차례에 따라 글의 내용을 요약해 봅니다.

| **어휘력 더하기** |

이름을 나타내는 말 주어진 낱말 중 농사와 관련된 말에는 호미, 괭이, 낫, 밭이 있습니다. 호미, 괭이, 낫은 모두 농기구입니다.

올바른 발음 (1) '같이'는 [가치], (2) '밭이'는 [바치], (3) '쇠붙이'는 [쇠부치]로 발음합니다.

어휘 알기

증발, 비판, 금속

독해력 기르기

01 금   **02** ⑤

03 (1)× (2)× (3) ○

04 (2) ○

05 (1)-(나) (2)-(개) (3)-(대)

06 ① 금 ② 연금술 ③ 과학

어휘력 더하기

뜻을 더하는 말 사격(술), 변신(술)

헷갈리는 말 (1) ○ (4) ○

| 독해력 기르기 |

01 연금술은 값싼 금속으로 금을 만드는 기술입니다.

02 예로부터 사람들은 금을 귀하게 여기고 몹시 갖고 싶어 했습니다. 그러한 바람이 금을 만들 수 있다고 믿는 연금술로 이어졌습니다.

03 이 글에 (1) 연금술사들이 금을 얻기 위해 마법을 연구했다는 내용은 나와 있지 않습니다. (2) 연금술사들은 과학 발전을 위해 연금술을 연구한 것이 아니라, 연금술을 연구한 결과가 과학 발전에 보탬이 되었습니다.

04 앞 문장에서 금이 아닌 물질로 금을 만들 수는 없었다고 했으므로 '연금술은 비록 실패했지만'이란 말이 들어가야 알맞습니다.

05 연금술 덕분에 만들어진 실험 기구에는 금속을 녹이는 그릇인 도가니, 무게를 재는 기구인 저울, 목이 긴 실험용 유리병인 플라스크 등이 대표적이라고 했습니다.

06 연금술이 생겨난 까닭과 연금술의 뜻, 연금술의 결과를 중심으로 글의 내용을 요약해 봅니다.

| 어휘력 더하기 |

뜻을 더하는 말 '-술'이 붙어 총, 대포, 활 등을 쏘는 기술을 뜻하는 말은 '사격술', 몸의 모양이나 태도를 바꾸는 기술을 뜻하는 말은 '변신술'입니다.

헷갈리는 말 (2) 두 가지 이상의 것을 하나로 합친다는 뜻의 '섞는'을 써야 합니다. (3) 상하거나 상태가 좋지 못하다는 뜻의 '썩은'을 써야 합니다.

어휘 알기

헛간, 광석, 몰두, 방사선

독해력 기르기

01 마리 퀴리

02 (1) ○ (2) ○ (3)× (4)×

03 ㉮   **04** (3) ○

05 ①, ⑤

06 ① 라듐 ② 노벨 ③ 백혈병

어휘력 더하기

합쳐진 말 밤낮, 새우잠

이어 주는 말 그러나

| 독해력 기르기 |

01 이 글은 마리 퀴리에 관한 것입니다.

02 (3) 마리 퀴리는 피치블렌드에서 라듐을 분리하기 위해 4년 동안 수많은 실험을 반복했습니다. (4) 라듐을 얻는 방법을 알려 주면 큰돈을 주겠다는 사람들이 나타났지만 마리 퀴리는 돈을 받지 않고 연구 결과를 세상에 공개했습니다.

03 라듐은 어두운 곳에서 푸른빛을 내는 물질입니다.

04 라듐을 얻기 위해 수많은 실험을 반복하며 연구에 몰두한 마리 퀴리를 통해 어떤 일에 집중하고 끈기 있게 노력하는 모습을 본받을 수 있습니다.

05 마리 퀴리는 라듐이라는 새로운 물질을 발견해 사람들에게 도움을 주었고 방사선 연구로 여성으로서는 최초로 노벨상을 받았습니다. 따라서 마리 퀴리를 평가한 내용으로는 노벨상을 받은 최초의 여성, 새로운 물질을 발견해 사람들에게 도움을 준 과학자가 알맞습니다.

06 마리 퀴리의 노력과 업적을 중심으로 글의 내용을 요약해 봅니다.

| 어휘력 더하기 |

합쳐진 말 '밤과 낮을 가리지 않고 늘'의 뜻을 가진 낱말은 '밤'과 '낮'이 합쳐진 '밤낮'입니다. 새우처럼 등을 구부리고 자는 잠을 뜻하는 말은 '새우'와 '잠'이 합쳐진 '새우잠'입니다.

이어 주는 말 주어진 글은 앞 문장 뒤에 그와 반대되는 내용이 이어지므로 '그러나'가 들어가야 알맞습니다.

어휘 알기

증거, 유전자, 치밀하다

독해력 기르기

01 (2) ○
02 ④　　**03** (3) ○
04 (1) ○ (2) ○ (3) ×
05 (2) ○
06 ① 과학 ② 증거 ③ 작은

어휘력 더하기

모양이 같은 말 (1)-(나) (2)-(다) (3)-(가)
올바른 띄어쓰기 정보를∨얻을∨수∨있다.

| 독해력 기르기 |

01 과학 수사란 범죄 사건을 조사할 때 과학적인 지식이나 첨단 장비를 활용하는 것을 말합니다.

02 이 글은 흙이나 먼지, 유리 조각, 페인트 등 작은 증거물을 분석하는 과학 수사 방법을 중심적으로 다루고 있습니다.

03 최근에 작은 증거물을 분석하는 과학 수사가 중요해진 까닭은 범인들이 지문이나 머리카락 같은 증거를 남기지 않고 치밀하게 범죄를 저지르기 때문입니다.

04 숭례문 화재 사건은 아주 적은 양의 페인트가 범인을 잡는 결정적인 증거가 되었습니다.

05 이 글은 아주 작은 물질 증거물을 분석해 범인을 잡는 과학 수사 방법을 다루고 있습니다. 따라서 글을 읽고 생각하거나 알게 된 점으로는 (2)의 내용이 알맞습니다.

06 과학 수사의 뜻과 작은 증거물을 분석하는 과학 수사의 중요성을 중심으로 글의 내용을 요약해 봅니다.

| 어휘력 더하기 |

모양이 같은 말 (1)에서 '묻다'는 가루, 풀, 물 등이 그보다 큰 다른 물체에 들러붙거나 흔적이 남게 된다는 뜻이고 (2)에서 '묻다'는 무엇을 알아내기 위해 상대편의 대답이나 설명을 요구하는 내용으로 말한다는 뜻입니다. (3)에서 '묻다'는 물건을 흙이나 다른 물건 속에 넣어 보이지 않게 쌓아 덮는다는 뜻입니다.

올바른 띄어쓰기 '수'는 다른 말의 꾸밈을 받아야 하는 말로, 앞말과 띄어 써야 합니다. 밑줄 친 '얻을수'는 얻을 수라고 써야 합니다.

어휘 알기

통과, 분해, 미생물

독해력 기르기

01 ⑤
02 썩어서
03 (1) ○ (2) ○ (3) ×
04 공기　　**05** (2) ○
06 ① 오염 ② 그래핀 ③ 열

어휘력 더하기

포함하는 말 (1) 물질 (2) 전자 제품
헷갈리는 말 (1) 짖는 (2) 짓는

| 독해력 기르기 |

01 이 글은 우리 생활을 편리하게 해 줄 새로운 물질에 대해 알려 줍니다.

02 바이오플라스틱은 '썩는 플라스틱'이라고도 불리며 미생물의 몸속에 있는 물질로 만들어져 일정한 시간이 지나면 자연에 있는 세균들에 의해 분해되어 환경 오염을 줄일 수 있습니다.

03 (3) 그래핀은 강철보다 강하면서도 잘 휘어지는 성질이 있습니다.

04 에어로겔은 대부분이 공기로 이루어져 있어 매우 가볍습니다.

05 이 글에서는 바이오플라스틱과 같은 새로운 물질을 이용하게 되면 플라스틱으로 인한 환경 오염을 줄일 수 있다고 했습니다. 따라서 이 글을 읽고 생각한 점으로 (1)의 내용은 알맞지 않습니다.

06 미래를 바꿀 새로운 물질인 바이오플라스틱, 그래핀, 에어로겔의 특징과 쓰임을 중심으로 글의 내용을 요약해 봅니다.

| 어휘력 더하기 |

포함하는 말 주어진 글자를 이용해 다른 말을 포함하는 낱말을 써 봅니다. (1) 물, 공기, 플라스틱, 그래핀을 포함하는 낱말은 '물질', (2) 컴퓨터, 스마트폰, 텔레비전을 포함하는 낱말은 '전자 제품'이 알맞습니다.

헷갈리는 말 (1)에는 시끄럽고 크게 소리를 낸다는 뜻인 '짖는'이 들어가야 합니다. (2)에는 재료를 써서 무엇을 만든다는 뜻인 '짓는'이 들어가야 합니다.

메모